Bildnachweis

Umschlag
Slide/Okapia

Seiten 2/3: Die Welt der Gewürze

Oben: Kapernstrauch

Seite 7: Peperoni und andere Gewürze
Slide

Seite 120 : Pasten und andere Gewürzprodukte
Slide/Evans

Seite 128: Safranblüte

Seite 133 : Pfefferarten

Slide/Okapia: 1, 2/3, 7, 11, 23, 24/25, 27, 28/29, 31, 32/33, 34/35, 36/37, 38/39, 41, 43, 44/45, 46/47, 48/49, 51, 53, 55, 56/57, 59, 61, 62, 68/69, 73, 74/75, 76/77, 80/81, 82/83, 118/119, 85, 87, 89, 91, 92/93, 95, 97, 98/99, 101, 103, 104/105, 107, 108/109, 111, 113, 115, 116/117, 129, 136
Slide: 7
Slide/Petri: 8
Slide/APA: 64/65
Slide/Bernuzeau: 70/71
Slide/Bianquis: 66/67
Slide/Ravasini: 78/79
Slide/Evans: 120
Archives Tallandier: 15, 16/17
Privatsammlung, D.R.: 11, 13, 19, 120, 128, 133

Originaltitel: Les Épices de Santé
Texte: Elizabeth Lemoine
Mitarbeit: F. B. S. B.

Übersetzung aus dem Französischen: Wiebke Krabbe, Damlos
Redaktion: Das Redaktionsbüro, Köln
Satz: ce redaktionsbüro für digitales publizieren, Erkelenz
Gesamtherstellung:
NEUER HONOS VERLAG, Köln

ISBN 3-8299-5519-7

KRÄUTER & GEWÜRZE

Aromatisch, natürlich, gesund

Elizabeth Lemoine

Vorwort
von
Françoise Izrael

NEUER HONOS VERLAG

KRÄUTER & GEWÜRZE

Aromatisch, natürlich, gesund

Elizabeth Lemoine

Vorwort
von
Françoise Izrael

VORWORT

Zimt, Kardamom, Koriander, Kumin, Ingwer, Muskat, Piment, Pfeffer, Sandelholz, Sesam, Sumach ... es gibt so viele Gewürze, die uns mit ihren Farben, Aromen und Düften verzaubern, und viele sind uns noch nicht einmal bekannt. Auf dem Markt ziehen die Gewürzstände die Blicke an und schmeicheln der Nase. In einer Gewürzhandlung werden die Düfte durch den geschlossenen Raum verstärkt und laden zu Fantasiereisen in die exotischen Herkunftsländer ein.

Die Wege der Gewürze ähneln den mittelalterlichen Entdeckungsreisen in alle vier Himmelsrichtungen, und die Geheimnisse, die ihre Herkunft umgaben, wurden zuweilen wie ein Staatsgeheimnis gehütet. Heute stellen diese wertvollen Schätze unserer Vorfahren ein gewisses Paradox dar. Einerseits profitieren sie von der Globalisierung, und Entfernungen stellen für die Verfügbarkeit kein Hindernis mehr dar. Andererseits bleiben die traditionellen Handelsgewohnheiten erhalten: Man kauft und verkauft Gewürze in kleinen Mengen, manchmal sogar nur wenige Gramm – wie Gold.

Seit vor 5.000 Jahren ein chinesischer Kaiser den regelmäßigen Genuss von Gewürzen zur Gesunderhaltung des Körpers empfahl, zählen sie zu den traditionellsten und geheimnisvollsten Handelswaren. Als Samen und Körner, Pasten und Pulver, einzeln oder gemischt tauchen sie tagtäglich auf unserem Speiseplan auf und runden unsere Mahlzeiten geschmacklich ab.

Ihre Vielfalt ist so groß, dass man ein vollständiges Verzeichnis gar nicht aufstellen könnte. Jedes Gewürz kann auf tausend verschiedene Arten verwendet werden, und obwohl es viele traditionelle Gerichte mit genauen Mengenangaben gibt, kann man die Mischungen und Dosierungen verändern und so immer wieder neue Rezepte und Geschmacksrichtungen erfinden.

Françoise Izrael

INHALT

VORWORT
von Françoise Izrael 9

KLEINE GESCHICHTE DER GEWÜRZE 12–19

EINE PFLANZE, EIN LEIDEN 20–21

DIE GEWÜRZE 22–119
Wesen, Geschmack und Anwendung

GEWÜRZPASTEN UND GEWÜRZPULVER 121–128

PFLANZENREGISTER
der lateinischen und deutschen Namen 130–131

Bibliografie 132

PUNICA

Kleine Geschichte der Gewürze

Um einen alten Mann in einen Jüngling zu verwandeln:

„Man nehme zwei Hektoliter Bockshornklee-Samen, zerstoße sie und trockne sie in der Sonne. Dann werfe man sie in die Höhe, um die Körner von der Spreu zu trennen. Man messe die Menge der Samen ab und gebe die Spreu durch ein Sieb, um nur den feinsten Teil zurückzubehalten. Hiervon nehme man einen ebenso großen Teil wie von den Samen. Man mische die Samen mit der feinen Spreu und gebe Wasser dazu, um eine flüssige Paste zu erhalten. Diese Paste erhitze man in einem neuen Topf, bis das Wasser zu verdunsten beginnt. Die Paste soll wie trockener Schlamm aussehen. Vom Feuer nehmen. Abkühlen lassen. Wenn die Paste kalt ist, wird sie in eine Terrine gegeben und unter fließendem Wasser abgespült. Sie ist fertig, wenn das Spülwasser keinen bitteren Geschmack mehr hat. Die Paste aus der Terrine nehmen und in der Sonne auf sorgfältig gebleichten Tüchern trocknen lassen. Nach dem Trocknen in einem Mörser zerreiben, Wasser zugeben und alles zu einer flüssigen Paste verrühren.

In einem Topf erhitzen, bis sich kleine Öltröpfchen bilden. Dieses Öl mit einem Löffel abschöpfen. Einen irdenen Topf bereit stellen, mit einem Mulltuch bedecken und das Öl durch dieses fließen lassen. Die so gereinigte Mischung in ein mit Bedacht ausgewähltes Gefäß aus kostbarem Material geben und den Patienten damit salben.

Eine Einreibung mit dieser Rezeptur wirkt belebend und erfrischend. Kahlköpfigkeit, Gliedersteifheit, Falten und Altersflecken verschwinden. Diese Rezeptur ist schon millionenfach erfolgreich angewandt worden."

Dieses ägyptische Rezept stammt vermutlich aus dem Neuen Reich und ist somit mindestens 3.500 Jahre alt. Es ist in vielerlei Hinsicht interessant, wenngleich kein einziger Schreiber die genaue Wirkung dokumentiert hat. So weiß niemand, wie viele Greise (und in welchem Alter galt man zu jener Zeit als Greis?) dadurch ihre jugendliche Frische wieder fanden. Dieses Lob auf den **Bockshornklee** macht deutlich, dass das Aufhalten des Alterns seit jeher ein Anliegen der Menschheit ist.

Es zeigt aber auch, dass die Menschen schon sehr früh den Nutzwert verschiedener Gewürze kannten. Auch wenn dieses Rezept irgendwo zwischen Alchimie und gesundem Menschenverstand anzusiedeln ist, beweist es doch, dass damals wie heute Geschmack und Wirkung der Gewürze bereits eine Rolle spielten.

Gewürze regen den Organismus an, sie heben den Geschmack der Speisen, sie reinigen die Luft, sind Bestandteil von religiösen Zeremonien, Lebensmittel, haben Einfluss auf den Seelenzustand. Diese kleinen, farbigen und duftenden Körnchen und Blättchen haben seit ihrer Entdeckung den vielfältigsten Zwecken gedient. Schon 3.000 Jahre vor Christi Geburt erklärte ein chinesischer Kaiser sie zu einem unverzichtbaren Bestandteil seiner Ernährung, und noch heute findet in der chinesischen Küche, die häufig als besonders raffiniert angesehen wird, eine beeindruckende Vielzahl von würzigen Zutaten Verwendung.

Als Gewürze bezeichnet man heute pflanzliche Substanzen mit aromatischem Geruch oder starkem, pikantem Geschmack, die aus bestimmten Pflanzenteilen wie der Wurzel, der Rinde, den Früchten oder den getrockneten Samen gewonnen werden. Häufig werden die Pflanzenteile zu Pulvern oder Pasten verarbeitet. Einige Gewächse werden gleichermaßen als Kräuter und Würzpflanzen verstanden. Das gilt beispielsweise für den **Anis** oder den **Koriander**, deren frische Blätter ebenso wie die ganzen oder pulverisierten Samen Einsatz in der Küche finden. All die vielfältigen Düfte, von **Pfeffer** bis **Gewürznelke,** von **Kurkuma** bis **Kakao,** von **Ingwer** bis **Vanille,** sind seit jeher wegen ihrer vielseitigen Verwendung in der Küche begehrt.

Wir wissen, dass schon die Ägypter des Mittleren Reiches (2060 bis 1782 v. Chr.) den **Bockshornklee** kannten, denn man hat einige Samen in keramischen Gegenständen aus dieser Zeit gefunden.

Der Zimt

Dies ist eines der ältesten Gewürze. Heute verwendet man sein würzig-süßliches Aroma gern für Glühwein und Apfelkuchen.

CANELLA
Canelle

Schon drei Jahrtausende vor unserer Zeit verwendeten die Chinesen und die Inder regelmäßig Gewürze. Die bekannte Redensart *„in einem gesunden Körper wohnt ein gesunder Geist"* lässt sich – leicht abgewandelt – auf den Einsatz von Gewürzen im Fernen Osten damals wie heute anwenden. Es ging stets darum, Verunreinigungen aus dem Körper und der Umgebung zu beseitigen und den Organismus anzuregen. Zur gleichen Zeit unternahmen die Ägypter des Alten Reiches (27. bis 22. Jh. v. Chr.) größte Anstrengungen, um für die Unsterblichkeit ihrer Herrscher zu sorgen: Aus gewaltigen Steinquadern errichteten sie die Cheopspyramide und andere monumentale Grabmäler, gleichzeitig befassten sie sich mit minutiöser Sorgfalt mit dem Zusammenstellen von Räucherstoffen, Duftstoffen und Balsamen, die sie zur Konservierung ihrer Mumien benötigten. **Pfeffer** ist das einzige Gewürz, das man zweifelsfrei identifizieren konnte.

Im folgenden Jahrtausend unternahmen die Pharaonen bedeutsame Expeditionen nach Osten und Süden. Sie bauten Handelskontakte mit ihren Nachbarländern auf, beispielsweise mit den Völkern an Euphrat und Tigris, den Phöniziern, den Kretern, den Mykenern und den Griechen. Unter den Waren, mit denen die Völker des Mittelmeerraums Handel trieben, machten Gewürze, Salben, Öle und Duftstoffe einen erheblichen Anteil aus. Die Entwicklung der griechischen Keramik förderte den Warenumschlag erheblich, vor allem im Gebiet der Kykladen.

Gewürze und Duftstoffe hatten gegenüber anderen Waren einen großen Vorzug: Sie verdarben nicht so leicht. Auf Kreta war ein gewisser ***Pasiphae*** im Palast des ***Minos*** mit der Zubereitung von Balsamen vertraut, und Ausgrabungen in Mykene haben die dortige Bedeutung von Duft- und Aromastoffen bewiesen. Die ***Schöne Helena*** und ihre Schwester ***Clytemnestra*** verwendeten **Koriander**, **Anis**, **Fenchel**, **Kreuzkümmel** und **Wacholder** in der Küche, aber auch zur Zubereitung von Weinen und Kosmetika.

Auch in der *Bibel* werden Gewürze und Duftstoffe häufig erwähnt. Im *Exodus* fällt während der Durchquerung der Wüste Manna vom Himmel: *„Man hätte meinen können, es seien Korianderkörner."*

Doch die duftenden Waren hatten damals auch politischen Stellenwert – sie waren Bestandteil der Geschenke zwischen Staatschefs. Als die für ihre Schönheit und Weisheit bekannte ***Königin von Saba*** aus dem Jemen ihren berühmten Nachbarn ***König Salomo*** (König von Israel von 972 bis 932 v. Chr.) besucht, transportiert ihre Karawane neben zahllosen anderen Geschenken *„eine Vielzahl von Gewürzen, so groß, dass er ähnliches nie zuvor gesehen hatte"*. Um die gleiche Zeit, im 9. Jh., wurden die Aromapflanzen und Gewürze in Indien durch das *Atharvaveda* demokratisiert, indem sie zur Ernährung empfohlen wurden, um das natürliche Gleichgewicht des Körpers zu bewahren. Im 7. Jh. beherrschte ein allmählich sesshaft gewordenes Nomadenvolk den Handel mit Weihrauch und Gewürzen zwischen dem Mittelmeerbecken und den wohlhabenden arabischen Ländern. Dieser einträgliche Handel ermöglichte es ihnen, sich der Stadt Petra, der Hauptstadt der Edomiten, zu bemächtigen. Im Laufe der Jahrhunderte wuchs ihre Macht dermaßen an, dass sogar die Römer mit ihnen verhandeln mussten. ***Caligula*** überließ ihnen die Stadt Damaskus, doch 106 unterwarf ***Trajan*** sie und gliederte sie der Provinz Arabien an.

Im 4. Jh. wurde durch die Eroberungszüge ***Alexanders des Großen*** eine Handelsstraße in die Länder des Fernen Ostens geschaffen, die bis dahin unerreichbar gewesen waren. Später wurde in Ägypten unter der ptolemäischen Herrschaft Alexandria zur Drehscheibe für den Ost-West-Handel. Auch Palmyra nahm eine bedeutende Rolle als Treffpunkt der Karawanen aus der Wüste und den Händlern aus dem Westen ein.

Zur Zeit von Kaiser ***Augustus*** beherrschten die Araber den Gewürzhandel. Sie kontrollierten die wichtigsten Handelsstraßen und zogen selbst in den Fernen Osten, um Waren einzukaufen. Doch nachdem die Römer den Reiz und den Wert der Gewürze entdeckt hatten, setzten sie alles daran, diesen Markt an sich zu reißen. Dennoch hat nicht einmal *„Caïus Cäsar, Sohn des Augustus, Arabien auch nur von weitem gesehen"*. Offenbar musste die römische Logistik vor den orientalischen Händlern kapitulieren, die gewohnt waren, mit den Karawanenführern zu verhandeln. ***Plinius der Ältere*** berichtet, dass in Arabien *„die Reichsten die Bewohner des Königreiches von Saba waren, wegen ihrer Wälder voll duftender Bäume, ihrer Goldminen, ihrer Bewässerung und ihrer Kultur"*. Und sie hüteten all ihre Geheimnisse. Etwas später führt ***Plinius*** aus, dass *„der Weihrauch einzig in Arabien zu finden ist, und nicht einmal in allen Ländern Arabiens ... Zuerst trieben die Minäer Handel mit Weihrauch, und sie sind noch immer die aktivsten Händler. Deshalb trägt der Weihrauch auch den Beinamen minäisch. Dies sind die einzigen Araber, die den Weihrauch-Baum kennen, und er gedeiht nicht überall. Es heißt, seine Kultur sei das vererbbare Privileg von 3.000 Familien, deren Angehörige als Geweihte bezeichnet werden."* Später erfreut er uns mit seiner Vorstellung der **Myrte**. Hören wir ihm zu: *„Ich weiß nicht, ob nicht die Myrte als erster Baum auf öffentliche Plätze gepflanzt wird. Doch wäre dies eine bemerkenswert prophetische Handlung.*

Das Mittelalter

Auf diesem Manuskript aus dem Hochmittelalter erkennt man die Eleganz der Gäste und den prächtig geschmückten Tisch. Was man ahnen, aber nicht sehen kann, ist die Bedeutung der Gewürze – einerseits zum Aromatisieren der Speisen, andererseits aber auch zum Konservieren während des Transportes.

Folgende Seiten

Indische Händler

Diese Darstellung der Reise von Marco Polo zeigt seine Zusammenkunft mit indischen Händlern. Gewürze machten einen großen Teil ihrer wertvollen Fracht aus.

Cõment li rois Assuaires tint court & le roine Vasti aussi

Le roine Vasti le femme le roi Assuaire · tint court des dames du roiaume u palais du roi · aussi q̃ li rois le tenoit des hõmes

Der älteste Tempel ist der des Quirinus, also des Romulus selbst. Vor diesen wurden zwei Myrten gepflanzt, die dort sehr lange lebten. Die eine wurde patrizische Myrte genannt, die andere plebejische. Lange Zeit war die patrizische Myrte die kräftigere – voll von Kraft und Saft. Als der Senat blühte, war sie prächtig, die plebejische Myrte dagegen kümmerte und kränkelte. Als aber während des Krieges die Macht des römischen Senats geschwächt wurde, verdorrte der majestätische Baum langsam."

Auch der berühmte römische Koch ***Apicius*** schätzte Gewürze. Besonders liebte er **Pfeffer:** ganze und zerstoßene Körner wie auch feines Pulver. Er empfahl aber auch **Safran**, **Ingwer**, **Gewürznelke**, **Zitronenmelisse**, **Mohn**, **Wermut**, **Koriander**, **Kreuzkümmel** und **Anis**.

Für die Römer waren Gewürze Sinnbild des exotischen, orientalischen Zaubers; vor allem im dekadenten Rom schwelgte man in den duftenden Subtanzen, wie uns beispielsweise ***Petronius*** beweist. Bei seinem Einzug in Rom ließ ***Nero*** die Straßen mit einer verschwenderischen Fülle von **Rosen** und **Safran** bestreuen, die dem Jahresverbrauch der Stadt entsprach. Während ihrer Eroberungszüge brachten die Römer ihre Gewürze auch nach Nordeuropa, doch mit dem Untergang des Weltreiches verebbte der Gewürzhandel wieder.

Die Vandalen und Hunnen hatten wenig Interesse an gehobener Lebensqualität. Die östlich gelegene neue Hauptstadt Konstantinopel jedoch zählte auch den Zauber und die Düfte des Orients zu ihren Reichtümern. Mit der Eroberung Südspaniens durch die Mauren und mit der Rückkehr der Kreuzritter gelangte schließlich ein Hauch des Orients auch in die westliche Welt.

Als später Genua und Venedig um die Rolle des wichtigsten Hafens für den Ost-West-Handel konkurrierten, wurden die Gewürze wieder zu einer der lukrativsten Handelswaren. In Europa folgte eine Zeit des Umbruchs und der wechselnden Moden. Der Fleischkonsum nahm zu, ebenso der Verbrauch von **Pfeffer** und **Safran**, die – wie in Rom – als Medikamente betrachtet wurden. Zu den süß-salzigen Geschmacksrichtungen gesellten sich die der verschiedenen Gewürze, die einen derartigen Aufschwung erlebten, dass man sie bald an alle Speisen gab. Im 12. Jh. schrieb ***Taillevent,*** Küchenmeister königlicher Häuser, in seinem *Viandier* Ratschläge zur Verwendung von Gewürzen nieder. Ihm wird auch das Rezept für eine Soße zugeschrieben, mit der man den widerlichen Geschmack ranzig gewordenen Fetts überdeckte. Sie enthielt unter anderem **Essig** und **Zimt**. Die Gewürze erzielten Preise wie Gold und machten die italenischen Händler reich. Im 13. Jh. waren die venezianischen Kaufleute ***Nicolò*** und ***Matteo***, Onkel und Vater von ***Marco Polo***, unter den ersten, die sich näher mit Gewürzen aus China befassten.

Zu Beginn des 15. Jh. zählten in Venedig **Pfeffer** und **Ingwer** zu den meistimportierten Gewürzen. Die Jagd nach den exotischen Pülverchen dauerte einige Jahrhunderte an und führte zu verschiedenen ausgedehnten Konflikten. 1497 brach der Portugiese ***Vasco de Gama*** nach Indien auf. Er umrundete Afrika und erreichte die Küste von Malabar. Nach der Entdeckung dieses Seewegs folgten verschiedene Expeditionen, durch die die Portugiesen Herrscher der Inselgruppe der Molukken wurden, von wo sie nach Ceylon gelangten. Von diesen Inseln brachten sie beträchtliche Mengen an Gewürzen nach Europa und hielten bald das Marktmonopol.

Der Pfeffer

Ob Apicius in Rom, die Burgherrin des Mittelalters oder der moderne Küchenchef: alle verwenden regelmäßig Pfeffer. Der Pfeffer zählte einst zu den Gewürzen, mit denen man auch Richter bezahlte.

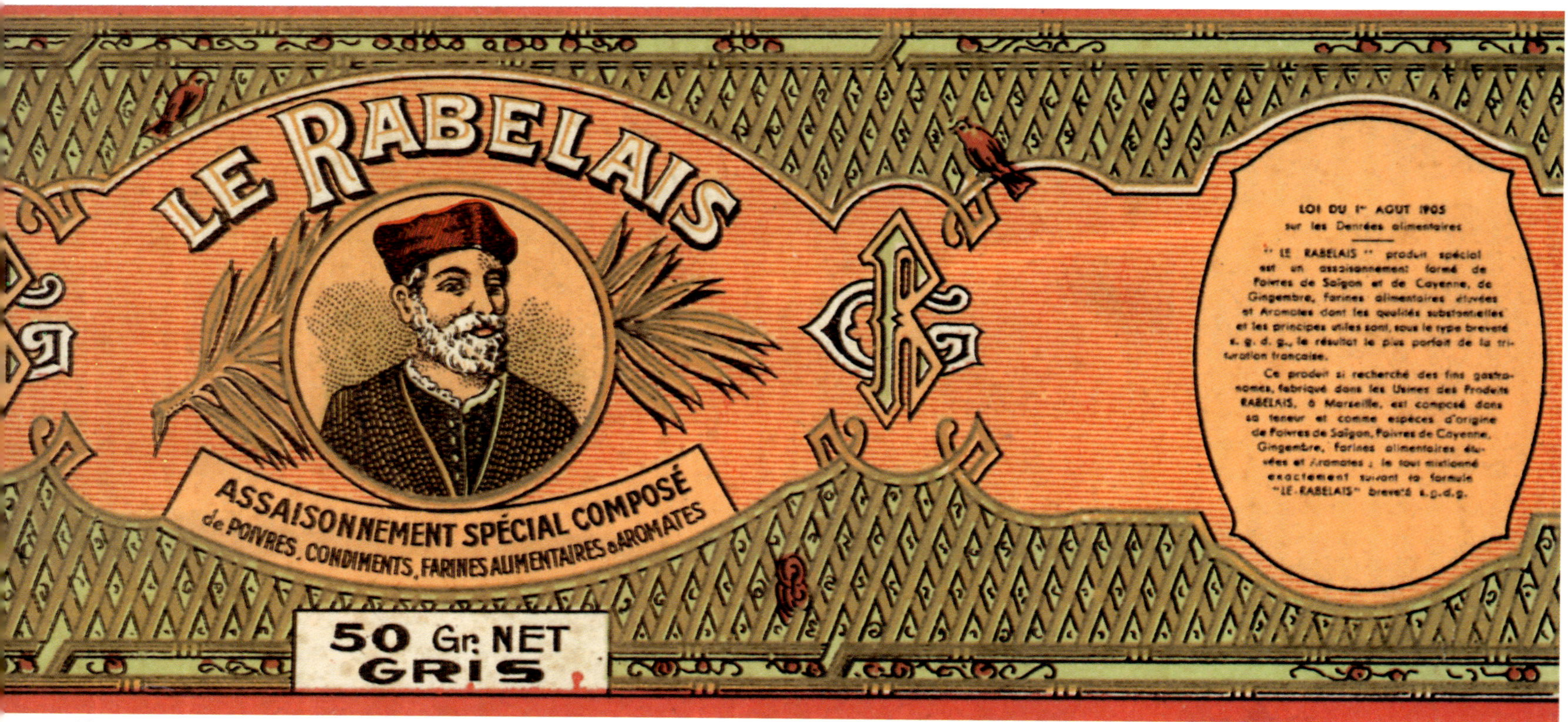

Die wunderbaren Entdeckungen des ***Marco Polo*** brachten den Genueser ***Christoph Kolumbus*** ins Träumen. Wir wissen, wie es weiterging. Er wollte nach Indien segeln und eine direkte Route zu den „Gewürzinseln" finden, entdeckte jedoch Amerika und brachte von dort den **Chili-Pfeffer** und die **Vanille** mit. Die Holländer und die Engländer schlugen schnell Profit daraus. Die Holländer verdrängten die Portugiesen vom Markt und gründeten 1602 die einflussreiche Ostindische Kompanie. ***Elizabeth I.*** begründete das Britische Empire. 1600 akklimatisierte die Englische Ostindien-Gesellschaft **Muskat** und **Gewürznelken** auf Malaysia und entwickelte den Gewürzanbau in Singapur. 1664 ließen sich die Franzosen in Indien nieder. Finanzminister ***Colbert*** unterstützte den Handel und gründete das Französische Ost-West-Handelskontor mit Sitz in Pondichéry.

Der französische Priester ***Pierre Poivre*** (1719–86) nahm an weiten Missionsreisen teil. Später trat er aus dem Priesteramt aus und schloss sich der Asien-Handelsgesellschaft an, wo er die Aufgabe übernahm, **Gewürznelken-**, **Zimt-** und **Muskatpflanzen** zu beschaffen, um sie auf den Bourboneninseln und auf Mauritius zu akklimatisieren. Er reiste auf die Molukken und grub wild wachsende Pflanzen aus, deren Samen durch Vögel verbreitet worden waren. Seine Mission gelang, die Gewürze konnten nun auch auf den Inseln im Indischen Ozean und auf Sansibar angebaut werden, das noch heute eines der Haupterzeugerländer für **Gewürznelken** ist. ***Poivre*** reiste um die Welt und stellte 1770 ein neues Gewürz vor, den **Pfeffer**, dessen Jungpflanzen er sich in den niederländischen Kolonien verschafft hatte. Die Übereinstimmung des Namens mit dem französischen Begriff *poivre* für *Pfeffer* ist reiner Zufall.

Im 18. Jh. waren Gewürze eine erlesene Kostbarkeit, die man Richtern anbot. Ursprünglich war dies eine Geste der Höflichkeit, die aber bald zur Pflicht wurde, so dass in Frankreich Gewürze auch als Honorar der Richter bezeichnet wurden. Gegen Ende des 18. Jh. konsolidierten die Engländer ihre Vormachtstellung, indem sie Indien und Ceylon eroberten. Die Engländer hatten ihre Rivalen auf den Gewürz-Handelsstraßen verdrängt, doch waren die Gewürze inzwischen nicht mehr so selten. Um die gleiche Zeit erschienen die Vereinigten Staaten auf dem Markt und importierten große Mengen **Pfeffer** aus Sumatra. Die großen Gewürzhändler gründeten ihre berühmten Handelshäuser. ***Fortnum and Mason*** versorgte London mit Gewürzen und anderen kostbaren Produkten. In Frankreich gründete ***Hédiard*** 1850 seinen Gewürz- und Kolonialwarenhandel. 1886 eröffnete ***Fauchon*** seine edle Gewürzhandlung an der Place de la Madeleine in Paris, und ***Jacob Hooy*** gründete in Holland einen Kräuter- und Drogenhandel.

Im 19. Jh. galten Gewürze immer weniger als kostbare Rarität. Sie wurden in zahlreichen Ländern angebaut und auch der Transport wurde einfacher. Neue Verpackungstechniken erlaubten eine bessere Konservierung. Heute gehören Gewürze zu den Produkten, die täglich in den wichtigen Seehandelshäfen in großen Mengen umgeschlagen werden. Dennoch ist der Gewürzhandel weltweit von Bedeutung. **Pfeffer, Kardamom** und **Piment** sind besonders gefragt. Generell gibt es heute vier wichtige Ursprungsregionen für Gewürze. Aus Asien kommen **Gewürznelken, Pfeffer, Ingwer** und andere. Aus dem Mittelmeerbecken stammen **Senf, Mohn** und **Fenchel**, aus Amerika **Vanille** und **Chili** und aus Nordeuropa **Wacholder** und **Kümmel**.

EINE PFLANZE, EIN LEIDEN

Kreislauf und Lymphsystem

Anämie – Wein aus Chinarinde
Arteriosklerose – Soja in allen Formen
Bluthochdruck – Aufguss von Blättern des grünen Kaffees, Knoblauch und Soja in möglichst vielen Gerichten, Aufguss aus Blättern des Curryblatts
Blutstau – Auflagen mit schwarzem Senf
Cholesterin – alle Lebensmittel auf Sojabasis
Diabetes – Bockshornklee als Aufguss und Nahrungszusatz
Gedächtnisschwäche – Sojakeime oder Sojamilch
Hämatome – Papaya als Obst, ätherisches Öl der Myrte
Hämorriden – Saft der Myrtenbeeren
Herzprobleme – stärkender Wein aus Cola, Knoblauch in möglichst vielen Gerichten, Kampfer zur Anregung
Kreislauf – Ingwer, als Tee genossen
Venenentzündung – Knoblauch in möglichst vielen Gerichten

Verdauungsapparat

Appetitdämpfend – Karobmark, Cachou
Appetitlosigkeit – Samen von Bockshornklee, Kurkuma, Pfeffer und Kalumba, Vanille
Aufstossen – Samen von Ajowan, Kümmel, Kreuzkümmel und Koriander mit der Nahrung oder als Aufguss, Zitronensaft mit warmem Wasser, Kardamomsamen als Gewürz
Colitis – Abguss von Fenchelsamen
Darmträgheit – Schwarzkümmelsamen als Aufguss oder Gewürz
Durchfall – Aufguss aus Blüten des Granatapfelbaums und Zimt, Karobmark, Saft der Rinde der Kornelkirsche, Uncaria
Dysenterie – Aufguss aus Orleanblättern, reife Früchte des Schraubenbaums
Erbrechen – Karobmark
Gastritis – Samen von Kümmel und Koriander als Absud oder Gewürz, Kukuinüsse
Magenkrämpfe – Absud aus Fenchelsamen
Magenträgheit – Kümmel, Kalumbawurzel, Koriander, Zitrone, Fenchel als Gewürz, Anislikör
Übelkeit, Bauchschmerzen – Fenchel als Aufguss und Gewürz, Pfeffer als Gewürz, kandierter Ingwer
Verdauungsstörungen – Aufguss aus Blättern des Boldostrauches und der Bitterorange, Papaya: die Blätter als Aufguss, die Früchte frisch genossen, Anis und Kardamom als Aufguss oder Gewürz, Aufguss aus Piment
Verstopfung – Zitrone, Pampelmuse, Orange und indische Stachelbeere roh genossen, Aufguss von Malvenblüten, Tamarindenmark

Knochen- und Muskelsystem

Gelenkschmerzen – Mohnblätter für warme Kompressen, frischer Fensterblattsaft
Muskelschmerzen – Balsam aus Ravensarablättern, Zimt- oder Wacholderöl zur Massage
Rheumatische Beschwerden – Massage mit Zimt- oder Wacholderöl, Absud aus Holz und Wurzel des Fenchelholzbaums

Nervensystem

Angstzustände – Mohnsamen als Aufguss oder Nahrungszusatz, Sirup aus Mohnblüten und grüne Kaffeebohnen
Asthma – Meerrettich-Sirup, Kukuinüsse
Nervöse Krämpfe – Aufguss aus Anissamen
Neuralgien, Hexenschuss – Kompressen mit schwarzem Senf
Rheumatismus – roh geriebener Meerrettich als wärmende Einreibung
Schlaflosigkeit – Aufguss aus Malven und Orangenblüten

Atmungssystem

Bronchitis – Inhalation mit Eukalyptusblättern, Süßholz ganz zum Kauen oder als Paste
Emphysem, Asthma –Wacholderbeeren, als Gewürz und Absud zum Inhalieren
Grippe –Wein aus Chinarinde
Halsentzündung – Myrte, frisch oder als Saft
Husten – Eukalyptus für Inhalationen, Malve als Sirup (Blüten und Blätter) oder Bonbons, Süßholz zum Kauen oder als Absud
Trockener Mund – Absud von Boldoblättern

Uro-Genital-System

Amenorrhoe (ausbleibende Blutungen) – Aufguss von Safran, Stinkasant
Leucorrhoe (weisslicher Ausfluss) – Spülungen mit einem Aufguss aus Granatapfelblüten
Sexuelle Müdigkeit – Ingwer, frisch, kandiert oder als Absud

Beschwerden im Mundraum

Abszesse, Karies – Kirschmyrte, zerstoßen oder als Essenz, Blätter des rosa Pfeffers
Gingivitis – Spülungen mit verdünntem Orangensaft
Zahnschmerzen – zerstoßene Pfefferkörner, Ingwer

Leberbeschwerden

Gallenbeschwerden – großer Galgant, pulverisiert als Nahrungszusatz, Safranwurz regt die Gallentätigkeit an
Leberinsuffizienz – Aufguss aus Boldoblättern, Meerrettich als Sirup und Gewürz
Leberverstopfung, Störungen der Leber- und Gallenfunktion – Kurkumawurzel als Absud und Gewürz

Hautbeschwerden

Akne – Kompressen mit Aufguss aus Moor-Gagelstrauch
Reizungen – Rosenwasser, Öl des Meerrettichbaums, Kompressen mit zerdrückten Myrtenblättern oder Sesam

Beschwerden der Nieren und Drüsen

Nierenkoliken – Absud von Bockshornkleesamen und Boldo
Nieren- und Blaseninsuffizienz – Karobmark, Wacholderwein, Kreuzkümmel, Fenchel und Bockshornklee als Gewürz, frisch geriebener Meerrettich als Beilage

Augenbeschwerden

Entzündungen – Augenbäder mit einem Absud aus Sesamblättern

Gelegentliche Beschwerden

Blutergüsse, Abschürfungen – Kompressen mit zerstoßenem, schwarzem Pfeffer
Erschöpfung und Atonie – frische oder kandierte Ingwerwurzel, Kukuinüsse
Fieber – Wein aus Chinarinde, Absud aus Blüten und Blättern des Orangenbaums, Aufguss aus Orleanblättern und Sumach
Kopfschmerzen – Kompressen mit frischem Ingwer
Körperliche und seelische Erschöpfung – Colasamen als Getränk
mangelnder Milchfluss – Aufguss aus Fenchelsamen
Mikrobenbefall – frischer Knoblauch in der Küche, Zitronensaft als Getränk oder zum Einreiben befallener Stellen, Kompressen mit Ravensarablättern. Galgant und Kardamom
Nikotinentzug – Aufguss aus frischen Kaffeeblättern, Eukalyptusblätter zum Rauchen, Cachou-Pastillen
Reisekrankheit – Ingwer, frisch, als Aufguss oder kandiert
Skorbut – Knoblauch, Zitrusfrüchte, reichlich Meerrettich, Bergpfeffer, frische Mango
Übergewicht, Cellulitis – frische Pampelmusen, frische Papaya, schwarzer Tee

Parasiten

Milben – Papaya-Samen
Würmer – Orleansamen, Papaya und Cleome, Absud der Blüten und Rinde der Bitterorange

Kleines Glossar der medizinischen Begriffe

Adstringens	reduziert die Sekretion der Drüsen
Antiphlogistikum	Mittel zur Hemmung und Bekämpfung von Entzündungen
Antiseptikum	bekämpft Mikroben, hemmt Entzündungen
Antiskorbutikum	Mittel gegen Skorbut (Vitamin-C-Mangel-krankheit)
Antispasmodikum	Mittel gegen Krämpfe und Verspannungen
Antitussivum	Mittel zur Dämpfung des Hustenreizes
Aperitif	regt den Appetit an
Cardiotonikum	Herzstärkungsmittel
Carminativum	beruhigt den Magen, lindert Blähungen
Cholagoga	regt die Gallentätigkeit an
Demulcens	beruhigt gereizte Schleimhäute (z. B. Magen)
Depurativum	Blutreinigungsmittel
Diaphoretikum	schweißtreibendes Mittel
Diuretikum	harntreibendes Mittel
Emetikum	Brechmittel
Emolliens	beruhigt und entspannt die Haut
Expektorans	beruhigt Husten und Reizungen der Atemwege, erleichtert das Abhusten
Febrifugium	Fieber senkendes Mittel
Galaktogenikum	regt die Milchbildung an
Hämostatikum	stillt Blutungen
Laxativum	Abführmittel
Purgativum	Abführmittel
Secretolytikum	schleimlösendes Mittel
Sedativum	wirkt beruhigend auf das Nervensystem
Stimulans	anregendes Mittel
Sudorifikum	regt die Schweißbildung an
Tonikum	stärkt den Organismus

Kleines Glossar der Fachbegriffe

Absud	Heilzubereitung, für die Kräuter in kaltem Wasser aufgesetzt und gekocht werden
Aufguss	Die Kräuter werden mit kochendem Wasser übergossen und ziehen dann 5–10 Minuten.
Beere	kleine Frucht, die Samen enthält
bipinnat	doppelt gefiedert (Blätter)
Braktee	meist auffällig gefärbtes Hochblatt direkt unterhalb einer Blüte
cordat	herzförmig (Blattform)
Cumarin	eine ölige, duftende Substanz
Cupula	glockenförmige Stielverdickung am Ansatz mancher Früchte
einhäusig	eine Pflanze, die sowohl männliche als auch weibliche Blüten trägt
Fiederblättchen	Einzelblätter eines zusammengesetzten Blattes, die alle an einem gemeinsamen Stiel stehen
Griffel	weibliches Blütenorgan
imparipinnat	geteiltes Blatt mit einer ungeraden Zahl von Einzelblättchen, von denen eins an der Triebspitze steht
Monosperme	Frucht, die nur einen Samen enthält
paripinnat	Blatt mit einer geraden Anzahl von Einzel-blättchen
Pedunculus	Blütenstiel
peltat	schildförmig (Blattform)
Petiolus	Blattstiel
Rhizom	unterirdisches Speicherorgan
Rosette	kreisförmig um eine gemeinsame Mitte angeordnete Blütenblätter (z. B. bei Rosen)
Selbstbestäubung	die Narbe einer Blüte wird mit dem Pollen der gleichen Blüte bestäubt
sessil	ohne Blütenstiel direkt am Trieb stehende Blüten
Spadix	Blütenstand, der von einem großen Hüllblatt (Spatha) umgeben ist
Spreite	die Fläche eines Blatts
Staude	mehrjährige Pflanze, deren oberirdische Teile im Winter absterben. Sie treibt alljährlich neu aus, blüht und bildet Samen.
wechselständig	die Blätter stehen abwechselnd zu beiden Seiten des Stiels
Wirtel	kreisförmig um den Stiel angeordnete Blätter
zweihäusig	Pflanzen, die entweder nur männliche oder nur weibliche Blüten tragen

Die Empfehlungen dieses Buches haben lediglich Vorschlagscharakter. Sie können keinesfalls die Beratung und Behandlung durch einen Arzt ersetzen.

Die Gewürze Wesen, Geschmack und Anwendung

Acacia catechu	**Cachou-Akazie**
Familie: *Mimosaceae*	
Herkunft: *Bengalen, Sri Lanka und Ostafrika*	
Höhe: *etwa 10 Meter*	
Blütezeit: *Ende des tropischen Winters*	
Eigenschaften: *adstringierend, anregend, tonisierend, lindernd bei Durchfall und Hämorriden*	

Die **Cachou-Akazie** wird seit Urzeiten in Indien zum Einfärben der Haut verwendet. Sie liefert einen rötlich-braunen, harzigen, glänzenden Stoff, den man ebenfalls **Cachou** nennt. Diese Substanz mit medizinischen Eigenschaften wird aus dem Stamm der gefällten Bäume gewonnen. Dazu wird das Holz in Scheite aufgespalten, die in Wasser ausgekocht werden. Anschließend filtert man den Absud durch und lässt das Wasser verdampfen, bis die harzige Substanz – der **Cachou** – zurückbleibt.

Der Baum erinnert entfernt an eine Mimose. Er trägt bipinnate, alternierende Blätter und kleine Blüten mit blassgelben Kelchblättern, die in länglichen Blütenständen erscheinen. **Cachou** hat einen bittersüßen und angenehmen Geschmack. Er enthält reichlich Tannin und Vitamine. Man unterscheidet verschiedene Sorten, etwa den **gelben Cachou**, der aus Batavia stammt, und den **braunen Cachou** aus Kalkutta. Die bevorzugte Sorte ist jedoch in Pegu anzutreffen.

Cachou wird in zwei Formen angeboten: als Laib oder in kleinen Pastillen, die gelegentlich auch mit Zimt, Rose, Minze oder Orangenblüten aromatisiert sind. **Cachoupastillen** stehen in dem Ruf, den Atem zu erfrischen, und sind besonders Rauchern zu empfehlen. Man kann sie auch zum Besänftigen von Hungergefühlen oder bei einer Nikotinentwöhnung einsetzen.

Cachou löst sich problemlos in heißem Wasser, Alkohol und Essig auf und kann sehr gut zum Färben verwendet werden. Baumwolle und Wolle erhalten mit **Cachou** einen sanftbraunen Farbton.

Die Cachou-Akazie

Die winzigen Cachou-Pastillen verwendet man für Obstsalate, Pflaumenkompott und zum Dekorieren einiger Backwaren.

Agatophyllum	**syn. Ravensara**
Familie: *Lauraceae*	
Herkunft: *Madagaskar*	
Höhe: *10 bis 15 Meter*	
Blütezeit: *Frühsommer*	
Eigenschaften: *antiseptisch, beruhigend, anregend, schweißtreibend*	

Dieser Baum stammt aus derselben Familie wie der **Kampfer** und der **Lorbeerbaum** und zeichnet sich durch sein intensives Aroma aus. An zylindrischen Ästen trägt er ledrige, langlebige Blätter an kurzen Stielen. Die zwittrigen Blüten sind sehr klein und enthalten nur ein einziges Ovarium.

Die **Ravensara** bildet nach der Blüte aromatische Beeren mit blauschwarzer Schale.

Alle Teile der **Ravensara** sind aromatisch und anregend. Die Blätter werden als Gewürz verwendet. Die Beeren werden frisch geerntet und haben einen angenehmen Duft und einen herben, pikanten Geschmack. Sowohl die Blätter als auch die Früchte dieses Baumes sind ein sehr beliebtes Gewürz.

Die Blätter der **Ravensara** enthalten ätherische Öle, Tannine, Bitterstoffe und Lipide. Als Absud erleichtern sie die Verdauung und bekämpfen Müdigkeit. Man verwendet sie auch für desinfizierende Kompressen und für Salben zur Bekämpfung von Muskelschmerzen.

In der Küche benutzt man die Blätter zum Würzen von Ragouts, kräftigen Brühen, Suppen, Fleisch- und Fischgerichten sowie Gemüse.

Die frisch geernteten Früchte können verschiedenen Speisen beigefügt werden, um das Aroma zu heben. Man kann sie allerdings auch getrocknet und zerstoßen wie **Pfeffer** verwenden. Die duftenden Blätter werden darüber hinaus im Haushalt eingesetzt, um lästige Insekten zu vertreiben.

ALEURITES MOLUCCANA **Kerzennussbaum, Kukuinuss**

Familie: *Euphorbiaceae*
Herkunft: *Südchina, Indonesien, Hawaii*
Höhe: *etwa 15 Meter*
Blütezeit: *Frühsommer*
Eigenschaften: *beruhigend, lindernd bei Asthma, Blähungen und Müdigkeit*

Dieser Baum mit dem zarten Laub wird auch **Molukkennuss** genannt. Der **Kerzennussbaum** ist mittelgroß und hat eine weich behaarte Rinde, die wie mit Mehl bestäubt aussieht. Die dreilappigen Blätter des stark verzweigten Baumes sind lang gestielt. Männliche und weibliche Blütenteile stehen in einem Blütenstand, sind aber gut zu unterscheiden. Die großen rundlichen oder ovalen Samen stehen an einem langen Stiel und bestehen, wie **Walnüsse**, aus einer verholzten Schale mit einer watteartig-faserigen Innenschicht und einem ölhaltigen, zweiteiligen Kern.

Blüten, Nüsse und Rinde verdanken ihre medizinischen Eigenschaften ihren Inhaltsstoffen. Sie haben den Ruf, gegen allgemeine Müdigkeit und Erschöpfung wirksam zu sein. Außerdem lindern sie Schmerzen, erweichen Geschwüre und beruhigen bei Asthmaanfällen. Wegen ihrer Wirkung auf das Nervensystem werden sie auch zur Bekämpfung von nervös bedingten Verdauungsstörungen und Blähungen eingesetzt. Die Nüsse enthalten ein Öl, das in Asien traditionell als Schmieröl, Lampenöl sowie zur Kerzen- und Seifenherstellung verwertet wird. Außerdem wird es zur Herstellung von schnell trocknenden und wetterfesten Lacken für Fußböden und Boote verwendet. Aus der Rinde und dem Saft der Früchte stellt man eine tinkturartige Substanz her. Der **Kerzennussbaum** wird in geringem Umfang auch gewerbsmäßig angebaut. Die gerösteten Nüsse zerkleinert man und mischt sie mit Salz, um ein Gewürz herzustellen, das unter dem Namen **Inanoma** bekannt ist. Man benutzt es zum Aromatisieren von Fischragouts, Fleischgerichten und Gemüse.

Der Große Galgant

Dieses Gewürz mit dem feinen Aroma wird in der südostasiatischen Küche sehr geschätzt. Man verwendet es für Currymischungen und zum Würzen von Fisch und Geflügel. Es wird auch mit anderen Zutaten wie Zwiebeln, Knoblauch, Peperoni und Ingwer zu Gewürzpasten verarbeitet, die man an Suppen und Ragouts gibt. In Europa und Skandinavien verwendet man Galgant für Bier und einige Liköre, früher wurde es auch zum Aromatisieren von Essig eingesetzt. Die tropische Pflanze ist recht groß und sehr ansehnlich. Besonders dekorativ ist die Art Alpinia vitatta, die von den Pazifikinseln stammt.

ALPINIA GALANGA **Großer Galgant**

Familie: *Zingiberaceae*
Herkunft: *Indonesien*
Höhe: *Blütenstiele bis 2 Meter*
Blütezeit: *Sommer*
Eigenschaften: *antibakteriell, anregend, stimulierend für die Gallentätigkeit, lindernd bei Husten*

Galgant unterteilt man weiter in den **Großen** und den **Kleinen Galgant**. Beide sind mit dem **Ingwer** verwandt, aber – außer in den Ländern, in denen sie kultiviert werden – weitaus weniger bekannt. Die fleischigen, aromatischen Wurzeln haben einen hellen Cremeton, meist mit bräunlicher, ringförmiger Äderung. Die wechselständigen Blätter haben eine ausgeprägte Lanzenform und erinnern entfernt an **Bananen**- oder **Cannablätter**.

Die Blüten sind weiß, oft rötlich überhaucht und relativ groß. Sie erscheinen an langen, kräftigen Blütenstielen und hängen gelegentlich leicht über. Aus ihnen bilden sich runde, kapselförmige Früchte in verschiedenen Rottönen.

Das Rhizom des **Galgants** zählt in Java und Malaysia zu den wichtigsten Gewürzen. Die fleischigen Rhizome werden ausgegraben und anschließend in der Sonne getrocknet. **Galgant** hat einen zarten Duft, der an Kiefern erinnert, und einen recht pikanten Geschmack. Insgesamt ähnelt er einer Mischung aus **Wacholder** und **Pfeffer**. Frischer und getrockneter, pulverisierter **Galgant** ist in guten Fachgeschäften zu finden. Die frischen Rhizome halten sich im Kühlschrank etwa zwei Wochen lang, wenn man sie in eine Papiertüte einpackt. Das Pulver sollte man in ein luftdicht schließendes Gefäß füllen und lichtgeschützt aufbewahren, damit das Aroma nicht verfliegt.

Der **Große Galgant** enthält ätherische Öle und Tannine und wirkt antibakteriell. Weil er den Gallenfluss reguliert, wirkt er auch günstig auf das Verdauungssystem.

In Indien isst man **Galgant** gegen Mundgeruch. Außerdem gilt er als Mittel gegen nervöse Erschöpfung und stand früher in dem Ruf, aphrodisierende Wirkung zu haben.

ALPINIA OFFICINARUM — ***Kleiner Galgant***
Familie: *Zingiberaceae*
Herkunft: *Südchina (Insel Hainan)*
Höhe: *1 bis 1,50 Meter Höhe, 1 Meter Breite*
Blütezeit: *Sommer*
Eigenschaften: *tonisierend, anregend für Verdauung und Magentätigkeit*

Der **Kleine Galgant** ist ein enger Verwandter des **Großen Galgants** und unterscheidet sich von diesem hauptsächlich durch die Wuchsgröße. Auch er hat fleischige Rhizome, die eine sehr faserige Struktur haben. Er enthält ätherische Öle und Tannine, die ihm einen pikanten, entfernt an **Eukalyptus** erinnernden Duft verleihen. Sein Geschmack liegt zwischen würzig und scharf und erinnert an **Pfeffer**. In der asiatischen Küche wird er sehr geschätzt, sollte aber nur sparsam dosiert werden. Die Rhizome werden auch für die Herstellung von Currys und Likören verwendet.

Wesentlich seltener ist die Art *Kaempferia galanga*, die nur bei sehr spezialisierten Gewürzhändlern erhältlich ist. Sie unterscheidet sich geringfügig von den beiden anderen Arten. Anstelle des Rhizoms bildet sie fast gerade Speicherorgane, die an einem gemeinsamen Fuß von ockerbräunlicher Farbe sitzen. Eigenschaften und Verwendung entsprechen den bekannteren **Galgant**-Arten.

Der Dill

Dill wird wegen seines süßwürzigen Geschmacks gern als Gewürz verwendet. Mit den Samen aromatisiert man Marinaden, Sauerkraut, eingelegte Gurken und andere Gemüse, man verwendet sie aber auch für Brotteig. Die Blätter passen gut zu Frischkäse und Quark, zu Eiern, Meeresfrüchten und Fisch (beispielsweise Räucherlachs), aber auch zu Hammelfleisch und Soßen. Dill sollte stets frisch verwendet werden, weil durch Kochen und Trocknen das Aroma leidet. Die Blüten gibt man an Eintöpfe, Gurken und Karotten. Die verwandte Art **Anethum sowa** ***wird ähnlich verwendet und ist vor allem in der asiatischen Küche beliebt.***

ANETHUM GRAVEOLENS — ***Dill***
Familie: *Umbelliferae*
Herkunft: *Kleinasien*
Höhe: *40 bis 70 Zentimeter*
Blütezeit: *Frühling*
Eigenschaften: *aromatisch, beruhigend, carminativ, appetitanregend*

Die einjährige, aromatische Pflanze hat sich rund ums Mittelmeer weit verbreitet und ist auch im restlichen Europa in den Küchengärten üblicherweise anzutreffen. Gelegentlich zieht man ihr den **Fenchel** (*Foeniculum vulgare*) vor, mit dem sie verwandt ist. In großem Stil wird **Dill** heute vorwiegend in Nordamerika sowie in Asien angebaut.

Dill ist schon seit der Antike bekannt. Von den alten Hebräern wurde er sehr geschätzt und mit Steuern belegt. Die römischen Gladiatoren rieben sich vor dem Kampf den Körper mit einem Öl ein, das **Dillextrakte** enthielt.

Die Pflanze hat aufrechte, gerippte, hohle Stiele. Die bläulichen Blätter sind fein gefiedert und gestielt. Die gelblichen Blüten erscheinen in schirmförmigen Blütenständen. Aus ihnen entwickeln sich bräunliche Samen, die im Sommer heranreifen. **Dill** wächst wild an Wegrändern und auf Brachland. Im Garten bevorzugt er einen nahrhaften Boden mit guter Drainage, möglichst in sonniger, trockener Lage. Man sät ihn im Frühling aus, kann aber bis zum Sommer Folgesaaten legen, um die Ernte zu verlängern. Verwendet werden die Blätter, die man nach Bedarf stets frisch erntet, die ganzen Blüten frisch oder getrocknet. Die Samen erntet man im August und lässt sie im Schatten an einem luftigen Platz trocknen. Anschließend kann man sie ganz oder zerstoßen verwenden.

Aus den Samen des **Dills** gewinnt man ein ätherisches Öl. Die Pflanze enthält außerdem Tannin, Schleimstoffe, Magnesium, Kalzium, Eisen und Vitamin C. Die Blätter erleichtern die Verdauung und wirken, als Aufguss genossen, gegen Aufstoßen und Blähungen. Die Samen werden gegen Krämpfe und Verspannungen empfohlen. Das ätherische Öl ist wegen seiner beruhigenden Wirkung bekannt. Kaut man **Dill**, erfrischt er den Atem. Bei einer salzarmen Diät eignet er sich gut als Salzersatz.

ARENGA PINNATA — ***Zuckerpalme***
Familie: *Arecoidae*
Herkunft: *Australien und Südostasien*
Höhe: *20 Meter*
Blütezeit: *Sommer*
Eigenschaften: *blutreinigend, nährend, tonisierend, anregend*

Die Gattung *Arenga* umfasst 17 Arten, die auch von wirtschaftlicher Bedeutung sind. Die größte Art wird auf den indonesischen Inseln Sumatra und Java kultiviert. Seit je her ernten die Eingeborenen den Saft der Pflanze und nutzen die Palme für verschiedene Zwecke.

Die **Zuckerpalme** hat einen massiven Stamm mit ringförmigen Narben abgestorbener Wedel. An der Spitze

Der Meerrettich

Meerrettich kann man auf verschiedene Weise verwenden. Frisch ist sein Aroma unübertroffen. Die getrockneten Wurzeln haben aber die gleichen Eigenschaften wie die frischen. Geschält, gerieben und mit Crème fraîche vermischt sind sie eine köstliche Beigabe zu Fleischgerichten, geräuchertem und gegartem Fisch, hartgekochten Eiern und Suppen. Frisch geriebener Meerrettich eignet sich auch zum Würzen von Füllungen, Soßen, Pasteten sowie zu Salaten aus Karotten und Roter Bete. Mit Weißwein und einem Stück Butter ergibt Meerrettich eine köstliche Soße, die gut zu Rinderbraten, Geflügel und Räucherfisch wie Hering und Makrele passt. Man kann Meerrettich auch mit einem geriebenen Apfel vermischen, um eine ausgezeichnete Würzpaste als Beilage zu Wild zu erhalten. Die jungen Blätter gibt man an Suppen und eingemachte Gemüse wie Gurken oder Rote Bete.

Der Wasabi

Aus Japan stammt der Wasabi, eine Variante des Meerrettichs. Er hat die gleichen Eigenschaften wie die europäische Art, nur hat das Fleisch der Wurzel eine hellere Farbe, die an rohe Kartoffeln erinnert. Er wird generell wie gewöhnlicher Meerrettich verwendet. Man kann auch Wasabi-Pulver in Wasser oder Sojasoße auflösen, um eine Würzsoße für Sushi, rohe Fischgerichte und verschiedene Gemüse zu erhalten. Beide Arten des Meerrettichs werden als Beilage zu fetten Gerichten empfohlen, weil sie die Fettverdauung erleichtern.

des Stammes stehen in einem mächtigen Schopf etwa 24 stark gefiederte Blätter. Jedes Blatt wird bis zwölf Meter lang und hat eine kräftige, starre Mittelrippe, an der rechts und links 150 bis 200 gewellte, lange, zugespitzte Blätter stehen. Die Blüten sind lange, meist überhängende Trauben. Sie sind zweigeschlechtlich und öffnen sich von oben nach unten. Vor der eigentlichen Blüte bilden sich zahlreiche Spathen. Aus den Blüten bilden sich beerenartige Früchte, die einen bis drei Samen enthalten. Ihr Fleisch ist ungenießbar, weil es ein giftiges Oxalat enthält.

Um den Saft zu gewinnen, ritzt man nach und nach die jungen männlichen Blüten an. Ist eine Blüte entleert, öffnet man die darunter liegende. So wird langsam der ganze Blütenstand abgeerntet. Auf diese Weise kann man über einen Zeitraum von etwa fünf Monaten aus jedem Schnitt zwei bis sieben Liter Saft gewinnen. Eine einzige Palme kann bis zu 1.800 Liter des zuckrigen Saftes liefern. Dieser Saft besteht zu 15 Prozent aus Saccharose (Zucker), außerdem enthält er Mineralsalze, die Vitamine A und B sowie Spurenelemente – es ist also ein sehr nahrhaftes Produkt. Das Mark enthält Schleimstoffe, Proteine und Mineralsalze.

Durch Fermentation stellt man aus dem Saft auch einen nahrhaften Wein her, der jedoch in größeren Mengen Schwindelgefühle erregt und Übelkeit verursachen kann. Man kocht den Saft auch auf, um daraus Rohzucker zu gewinnen. Dieser wird zur Herstellung von Gebäck, Süßigkeiten und Sirups sowie zum Süßen von Getränken verwendet. Aus dem Mark der **Zuckerpalme** wird auch **Sago** gewonnen. Aus diesem produziert man kleine Kügelchen, die in Wasser oder Milch stark aufquellen oder sich lösen. Aus der Rohsubstanz des **Sagos** lassen sich sehr nahrhafte und bekömmliche Breie und Puddings zubereiten. Im Ursprungsland wird **Sago** auch mit Fischbrühe, Zitronensaft und Gewürzen zu einer herzhaften Speise verarbeitet. Aus den kräftigen Palmfasern produziert man Besen, Bürsten, Matten und Korbwaren.

ARMORACIA RUSTICANA — **Meerrettich**

Familie: *Cruciferae*
Herkunft: *Russland, Ostasien*
Höhe: *1,5 Meter*
Blütezeit: *Mai bis Juli*
Eigenschaften: *appetitanregend, tonisierend, blutreinigend, anregend, bakterizid, verdauungsfördernd*

Die ausdauernde Gewürzpflanze wurde schon vor langer Zeit von den Slawen und Germanen verwendet. In Mitteleuropa wird sie seit dem 7. Jh. kultiviert. Aus dieser Zeit sind Rezepte für Soßen überliefert, die mit diesem Gewürz abgeschmeckt wurden. Im Mittelalter wurde **Meerrettich** in Deutschland auch als Ersatz für **Senf** verwendet. In Frankreich war der **Meerrettich** im 16. Jh., vor allem im Elsass, weit verbreitet.

In der freien Natur findet man **Meerrettich** an feuchten Standorten, etwa in Gräben und an Bachufern. Es ist eine sehr anspruchslose Pflanze, die sich mit fast allen Gegebenheiten arrangiert. Sie verträgt sowohl Frost als auch Trockenheit, gedeiht nur in sehr schweren Böden schlecht. Die Wurzel kann bis zu 50 Zentimeter lang werden. Sie ist dick und fleischig, hat eine raue, gelbliche oder graue Schale und ein oft faseriges, weißes bis gelbliches Fleisch. Die Stiele sind aufrecht und stark verzweigt. Die großen, basalständigen Blätter sind gestielt, weiter oben sitzen die kleineren Blätter ungestielt am Haupttrieb. Die weißen, duftenden Blüten erscheinen in endständigen Gruppen. Aus den Blüten entwickeln sich kugelförmige Früchte, die die abgeflachten Samen enthalten. **Meerrettich** wird meist vegetativ durch die Wurzel vermehrt. Vom dritten Standjahr an kann man im Frühling die Pflanzen ausgraben und teilen.

Die dabei gewonnenen Wurzelstücke setzt man neu ein, vorzugsweise in lockeren, sandigen Boden.

Vom **Meerrettich** verwendet man hauptsächlich die aromatischen Wurzeln. Sie haben einen brennend scharfen Geschmack, der intensiver als der des **Senfs** ist. Im Herbst sticht man die Wurzeln von der Pflanze ab. Dazu hebt man sie mit einer Grabgabel leicht an, ohne sie komplett auszugraben. Dann schneidet man die Wurzeln ab und drückt die Pflanze wieder in die Erde. Mindestens zwei Wurzeln sollen erhalten bleiben, damit sich die Pflanze regenerieren kann. Die geernteten Wurzeln legt man in eine Kiste mit Sand und bewahrt sie kühl und dunkel auf (am besten im Keller).

Meerrettich hat einen hohen Gehalt an Vitamin B und C. Er enthält ätherische Öle, Mineralsalze, Glucoside, Zuckerstoffe, Karotin sowie bakterizide Substanzen. Er ist vor allem im Winter ein wertvolles Gewürz. Mit seinem hohen Gehalt an Vitamin C hilft er bei der Bekämpfung von Erkältungen und Frühjahrsmüdigkeit. Menschen mit nervösen Beschwerden oder empfindlichem Magen-Darm-Trakt sollten ihn aber meiden, ebenso schwangere Frauen.

ASARUM EUROPAEUM — **Gewöhnliche Haselwurz**

Familie: *Aristolochiaceae*
Herkunft: *Naher Osten*
Höhe: *15 bis 25 Zentimeter*
Blütezeit: *Ende des Winters*
Eigenschaften: *aromatisch, harntreibend, blutreinigend, als Brechmittel einsetzbar*

Die **Haselwurz** ist eine kleine, zweikeimblättrige Pflanze. Sie hat sich in den wärmeren Regionen Mitteleuropas etabliert und wird gelegentlich als Ersatz für **Ingwer** in der Küche verwendet. Die zierliche Pflanze hat rundliche Blätter, deren Form entfernt an Ohren erinnert. Sie breitet sich schnell aus und ist mit ihrem Laub ein guter Bodendecker. Zur Blütezeit trägt sie zahlreiche kleine Glockenblüten in Grün und Rot. Die mehrjährige Pflanze ist wild in den nördlichen Regionen Frankreichs anzutreffen. Im Garten fühlt sie sich auf kalkhaltigen Böden in eher schattiger Lage am wohlsten. Sie hat einen intensiven, recht unangenehmen Geruch, der an Terpentin erinnert, und dank ihres ätherischen Öls Asaron einen herb-pfeffrigen Geschmack. Die Blätter können ganzjährig geerntet werden.

In der Heilkunde wurde die **Haselwurz** früher als Brechmittel eingesetzt. In alter Zeit verzehrten Betrunkene das Kraut, um ihren Magen zu entleeren und schneller wieder nüchtern zu werden. Die Pflanze muss mit äußerster Vorsicht angewendet werden, weil sie in größeren Dosen toxisch ist. Kunsthandwerker schätzen sie, weil sich aus ihr ein Farbstoff gewinnen lässt, mit dem man Wolle apfelgrün färben kann.

Die Haselwurz

Man verwendet die frischen und getrockneten Blätter. Als Gewürz werden sie hauptsächlich zu hellem Fleisch, Fisch und Wild gegeben.

BIXA ORELLANA — **Orlean**

Familie: *Bixaceae*
Herkunft: *Mittelamerika, Karibik*
Höhe: *8 Meter*
Blütezeit: *Sommer*
Eigenschaften: *entzündungshemmend, lindernd bei Kopfschmerzen, Fieber und Wurmbefall*

Der **Orlean** ist ein Baum mittlerer Größe, dessen junge Zweige von einem Flaum mit rostbrauner Tönung bedeckt sind. Die älteren Zweige dagegen haben eine glatte Rinde. Die großen Blätter stehen an langen Stielen und sind wechselständig an den Trieben verteilt. Sie haben einen attraktiven Grünton und eine rötlich gefleckte Unterseite. Die Blüten sind leuchtend rot und erinnern an wilde Rosen. Sie erscheinen in größerer Zahl in endständigen Gruppen. Gelegentlich zählt man bis zu 20 Blüten in einer Gruppe. Sie bestehen aus fünf großen Blütenblättern von je ein bis drei Zentimetern Durchmesser und besitzen zahlreiche Staubgefäße. Aus ihnen entwickeln sich herzförmige, von borstigen Haaren bedeckte Kapseln, die anfangs rot sind und sich später bräunlich verfärben. In der Vollreife platzen sie auf und geben etwa 50 Samen frei.

Für einige Entwicklungsländer hat sich das Pigment des **Orleans** zu einem wichtigen Wirtschaftsfaktor entwickelt. Um das Pigment zu gewinnen, erntet man die reifen Früchte und weicht sie einige Wochen in Wasser ein, um ihnen den Farbstoff zu entziehen. Anschließend wird die angesetzte Flüssigkeit abgefiltert, eingedickt und an der Luft getrocknet, so dass eine rötliche Paste entsteht, die sich etwas fettig anfühlt. Man verwendet die Samen auch einzeln. Sie haben eine ziegelrote Färbung und einen pfeffrigen Geruch, der entfernt an **Muskatnuss** erinnert. Die Samen enthalten das wasserlösliche Pigment Norbixin sowie den fettlöslichen Stoff Bixin. Beide werden auf vielfältige Weise eingesetzt. Die Samen enthalten Pigmente, Mineralsalze, Harze, Flavonoide und Salicylderivate, die für ihre Bedeutung in der Heilkunde eine Rolle spielen. Ein Aufguss aus den Blättern und Wurzeln wird gegen Kopfschmerzen eingesetzt.

Orlean wird auch als fiebersenkendes Mittel und zur Bekämpfung von Dysenterie eingesetzt. Die Hülle der Samen hat Bedeutung als Mittel zur Wurmbekämpfung. In Mexiko und Paraguay gewinnt man aus **Orlean** Präparate zur Linderung von Beschwerden durch Krebsleiden.

Der natürliche Farbstoff des **Orleans** wird für Butter und Süßigkeiten, Suppen und Käse (Edamer, roter Leicester, Saint-Paulin, Chester) verwendet. Gibt man ihn an das Kochwasser von Reis, ersetzt er die Farbwirkung des **Safrans**, ohne jedoch dessen Aroma zu erreichen. Mit den Samen kann man auch Speiseöl einfärben. In der Industrie werden die wasserlöslichen Pigmente verwendet, um Seide und Wolle einen gelblichen Orangeton zu verleihen. Setzt man die roten Pigmente der Einwirkung von Schwefelsäure aus, erhält man einen indigoblauen Farbstoff. **Orlean** wird auch zum Eintönen von Lacken, Seifen und Ölen verwendet. Früher wurde die Pflanze von den Indianern Mittelamerikas für die gelbrote Bemalung ihrer Kriegsmasken benutzt, während die südamerikanischen Ureinwohner damit ihre Haut und ihre Haare färbten.

Der Senf

Die Blätter des Senfs kann man wie Kresse an Salate geben oder wie Spinat als Gemüse zubereiten (vor allem die des braunen Senfs). Man kann sie auch in Essig als würzige Beilage einlegen. Die ganzen Samen werden zum Würzen von Salaten und eingelegtem Gemüse wie Gurken benutzt. Ob ein Senf scharf oder mild ist, hängt davon ab, ob die Samen geschält (scharf) oder ungeschält (mild) verarbeitet werden. Der scharfe Dijon-Senf passt ausgezeichnet zu gegrilltem Fleisch und Kaninchen, man verwendet ihn auch für bestimmte Mayonnaisen-Rezepte und serviert ihn zu kaltem Fleisch und Wurstwaren. Senf aus Bordeaux schmeckt wunderbar zu Würsten und kaltem Fleisch, Senf aus dem Beaujolais passt perfekt zu Wild. Aus England kommt ein Senf aus schwarzen und weißen Senfkörnern, der mit Mehl und Kurkuma versetzt ist. Er hat eine sehr feste Konsistenz und eine leuchtend gelbe Färbung. Man serviert ihn zu gekochtem Fleisch. Amerikanische Senfsorten bestehen aus weißen Senfkörnern und Kurkuma und sind meist mit Zucker und Gewürzen abgeschmeckt. Ein solcher Senf gehört zum Hot Dog. Auch in einer Vinaigrette darf Senf nicht fehlen. Die gekeimten Samen würzen knackige Salate, Rohkost und Gemüsegerichte.

BRASSICA ALBA, B. JUNCEA, B. NIGRA — ***Senf***

Familie: *Cruciferae*
Herkunft: *Mittelmeerbecken (alba), China und Indien (juncea), Europa (nigra)*
Höhe: *30–40 Zentimeter (alba), 1,50 Meter (juncea), 1 Meter (nigra)*
Blütezeit: *je nach Art April bis Juni*
Eigenschaften: *blutreinigend, ableitend (alba), balsamisch, als Brechmittel (juncea und alba)*

Senf wird schon in den *Evangelien* des *Neuen Testaments* erwähnt. Er gelangte mit den Mauren aus Nordafrika nach Spanien. Zunächst wurde er als Heilpflanze verwendet. Im 13. Jh. entdeckte man den pikanten Geschmack, der beim Zerstoßen der Körner frei wurde, und setzte ihn auch als Gewürz ein. Im späten Mittelalter war **Senf** vorwiegend unter Bezeichnungen wie **Mosterd** oder **Mostrich** bekannt. Viele berühmte **Senfsorten** stammen noch heute aus Frankreich, vorwiegend aus den Regionen um Dijon, Meaux, Bordeaux sowie aus dem Beaujolais. Dijon ist seit dem 13. Jh. die Welthauptstadt der Senfherstellung.

Man unterscheidet drei Arten von **Senfkörnern**: weiße, braune und schwarze. Die beiden letzteren sind einander recht ähnlich und haben einen intensiven, pikanten Geschmack.

Weißer Senf (*Brassica alba*) ist eine einjährige Pflanze, die wild auf Brachland anzutreffen ist. Sie hat straff aufrecht wachsende Triebe und gestielte, gezahnte und leicht behaarte Blätter. Die gelben Blüten haben vier Blütenblätter und erscheinen in endständigen Gruppen. Aus ihnen entwickeln sich die schotenförmigen, behaarten Früchte, die jeweils vier bis fünf weißlich-gelbe Samen enthalten. Die Samen haben einen pikanten, etwas süßlichen Geschmack.

In England verwendete man sie lange zur Senfherstellung, wobei Curcumin (E 100) zugegeben wurde. Die wichtigsten Anbauländer sind die Vereinigten Staaten, Kanada, Großbritannien, Frankreich, Dänemark und die Niederlande.

Wegen seiner Erzeugerländer wird der **Braune Senf** (*Brassica juncea*) auch **Pakistansenf** oder **Chinasenf** genannt. Man findet ihn aber auch in Europa. Die hell- oder dunkelgrünen Blätter dieser Pflanze wachsen meist in Rosetten. Aus den blassgelben Blüten entwickeln sich Schoten, die nach der Reife geschlossen bleiben und die Samen nicht zu Boden fallen lassen. Diese haben eine hell- bis mittelbräunliche Färbung und einen bitter-pikanten Geschmack. Ihr Duft ist schwächer als der des **Schwarzen Senfs**. Wegen der geschlossenen Schoten ist eine mechanische Ernte erforderlich. **Brauner Senf** wird im Frühling ausgesät und Anfang Juli geerntet. Es ist die meistverwendete Art.

Die dritte Sorte ist der **Schwarze Senf** (*Brassica nigra*), der als Pflanze besonders anspruchslos ist. Er hat aufrechte Stiele und gerade Zweige, an denen grob gelappte Blätter stehen, deren Lappung nach oben hin stärker wird. Die gelben Blüten erscheinen in endständigen Gruppen und entwickeln sich zu Schoten mit schwarzbraunen Samen von kräftigem, pikantem Geschmack. Meistens werden diese Samen zur Senfherstellung verwendet, man isst aber auch die Blätter als Salat oder Blattgemüse. Die Pflanze enthält unter anderem pflanzliche Schleimstoffe, Alkaloide und Enzyme. In kleinen Mengen genossen regt **Senf** den Verdauungsapparat an. Gegen Bronchitis, bei Lungenleiden und Verstopfung werden **Senfwickel** empfohlen.

Um **Senf** herzustellen, zerstößt man die Samen mit etwas Wasser. Dadurch wird eine chemische Reaktion ausgelöst, die das herbe, mehr oder minder pikante Aroma freisetzt. Um diesen Prozess anzuhalten, gibt man eine Säure zu, beispielsweise Wein, Zitronensaft oder Essig. Dieses Grundrezept gilt für alle **Senfsorten**.

Dijon-Senf besteht aus gemahlenen **Senfkörnern**, Weißwein, Salz und **Pfeffer**. Er hat eine weiche, cremige Konsistenz. **Senf** aus dem Beaujolais besteht aus grob zerstoßenen **Senfkörnern** und Rotwein. Er ist gröber und hat einen dunkleren Farbton. Auch **Senf** aus Meaux wird aus grob zerkleinerten Körnern produziert. Er ist allerdings milder und süßer als der **Beaujolais-Senf**. Für **Bordeaux-Senf** werden weiße und schwarze, ungeschälte **Senfkörner** mit Zucker, Essig, **Estragon** und anderen Gewürzen vermischt. Er hat einen würzig-süßlichen Geschmack und eine dunkle Tönung.

Roter Senf wird aus ganzen Körnern und Peperoni hergestellt. Für **Kräuter-** und **Gewürzsenf** werden die gemahlenen Körner mit verschiedenen Gewürzen oder Kräutern vermischt.

CAPPARIS SPINOSA	**Kapernstrauch**
Familie: *Capparidaceae*	
Herkunft: *Asien*	
Höhe: *1,20 Meter*	
Blütezeit: *Frühling*	
Eigenschaften: *krampflösend, appetitanregend, adstringierend, harntreibend, anregend, tonisierend*	

Der **Kapernstrauch** ist ein Halbstrauch oder kleiner Baum, der in Europa rund ums Mittelmeer wild vorkommt. Seine Blütenknospen – die **Kapern** – werden in Essig konserviert. Die Griechen und Römer schätzten **Kapern** sehr, in Mitteleuropa haben sie sich aber erst vom 15. Jh. an durchgesetzt.

Der **Kapernstrauch** hat zahlreiche ausladende Triebe mit glatter Rinde und dicht stehenden, festen, runden Blättern. Die großen Blüten sind sehr dekorativ. Sie haben weiße Kronblätter und hoch aufragende Staubgefäße. Aus ihnen entwickeln sich länglich-runde, grüne Früchte von der Größe einer **Olive**, die ebenfalls eingelegt werden können.

Der Kapernstrauch

Kapern werden gern an helle Soßen gegeben. Fein gehackt gehören sie auch in die Sauce tartare und an klassische Remoulade. Man genießt sie zu Fisch und gekochtem Kalbfleisch, aber auch als würzige Beilage zu Hors d'œuvres, in Salaten und auf Pizza.

Die üblicherweise im Handel angebotenen **Kapern** sind jedoch die unreifen Blütenknospen des Strauches.

In warmen, trockenen Klimazonen wird der **Kapernstrauch** in offenen Lagen in leichtem Boden angebaut. Die Knospen werden während der gesamten Blütezeit von Hand geerntet. Anschließend legt man sie, um sie zu konservieren, in Essig, Salzlake oder Olivenöl ein.

Damit sie ihr Aroma nicht verlieren, müssen sie zuvor in einer Flüssigkeit ziehen. Ihr Geschmack ist herb-salzig. Die frischen Blütenknospen enthalten ein komplexes Flavonoid, das zur Gesundherhaltung der Arterienwände beiträgt. Auch die Wurzel des **Kapernstrauchs** wird in der Medizin eingesetzt. Als Ersatz für **Kapern** verwendet man gelegentlich unreif geerntete Samen der **Kapuzinerkresse** oder Blütenknospen des **Löwenzahns**, die gleichermaßen in Essig eingelegt werden.

Capsicum annuum	**Süße Paprika**
Familie: *Solanaceae*	
Herkunft: *Südamerika und Zentralasien*	
Höhe: *80 Zentimeter*	
Blütezeit: *Sommer*	
Eigenschaften: *appetitanregend, verdauungsfördernd, magenstärkend, ableitend, schweißtreibend*	

Diese einjährige Pflanze, die von den amerikanischen Ureinwohnern seit jeher als Heilpflanze verwendet wird, kam erst mit Kolumbus nach Europa. Heute sind die Früchte der verschiedenen Unterarten dieser Pflanze weltweit als Gewürz und Gemüse bekannt. Es gibt mehr als 200 verschiedene **Paprikaarten**, deren Früchte sich in Größe, Farbe und Geschmack erheblich unterscheiden. So gibt es lange und kurze, runde und schlanke, milde und scharfe Sorten in Grün, Rot, Orange, Violett, Gelb, Dunkelbraun und Schwarz.

Die krautige Pflanze hat verzweigte, leicht verholzende Triebe mit einfachen, wechselständigen Blättern in sanftem Grün. Aus den weißen, selbstbefruchtenden Blüten entwickeln sich zumeist längliche bis rundliche Früchte, die anfangs grün sind und sich mit zunehmender Reife rot, orange, gelb, violett und in der Vollreife gelegentlich fast schwarz ausfärben. Die Früchte sind hohl und haben eine glatte Haut. An faserigen Membranen im Inneren sitzen zahlreiche kleine Samen. Die Haut der Früchte ist fest, glatt und glänzend. Das Fruchtfleisch ist fest und saftig, der Geschmack je nach Sorte süßlich-würzig, pikant oder scharf.

Süße Paprika werden generell mit der Hand geerntet. Man kann sie frisch verwerten, sowohl roh als auch in gekochten Gerichten. Man kann sie aber auch in der Sonne trocknen, um sie zu konservieren. **Getrocknete Paprika** können im Ganzen aufbewahrt oder zu Pulver zerrieben werden. Die Pflanzen werden durch Samen vermehrt und gedeihen am besten in nahrhaftem, feuchtem Boden an einem vollsonnigen Standort. Drei Monate nach der Aussaat können die ersten Früchte geerntet werden.

Der pikante Geschmack der **Süßen Paprika** beruht auf einem Inhaltsstoff der Samen, dem Capsicin, das in hohen Dosen Entzündungen des Magens und des Darmtraktes hervorrufen kann. Die **Süße Paprika** hat einen geringen Nährwert, besitzt aber medizinische Wirkungen. Weil sie reich an Vitamin C ist, wirkt sie tonisierend, regt den Appetit an und erleichtert die Verdauung von stärkehaltigen Produkten. Weiterhin erleichtert sie die Blutzirkulation und fördert die Schweißbildung, was wegen der kühlenden Wirkung auf den Körper besonders in heißen Ländern von Vorteil ist.

Süße Paprika

Süße Paprika kann man füllen, sie eignen sich aber auch zum Aromatisieren von Öl und Essig sowie zur Herstellung von Gewürzpasten mit und ohne Knoblauch, beispielsweise für das nordafrikanische Harissa. Die frischen und getrockneten Früchte werden zum Würzen von Reisgerichten, weißen und roten Bohnen sowie für Pasteten verwendet, auch in Curry-Mischungen sind sie enthalten. Aus scharfen Chilischoten, Salz und Essig stellt man Tabasco her. Schon wenige Tropfen genügen, um Fleischgerichte, Eierspeisen und Cocktails kräftig zu würzen.

Neben der Bezeichnung **Paprika** findet man auch Benennungen wie **Peperoni**, **Chili** und andere. Einige tragen wegen ihres feurigen Geschmacks auch den Begriff **Pfeffer** in ihrem Namen, ohne jedoch botanisch mit dem **Pfeffer** verwandt zu sein. In den Handel kommen die meisten Sorten getrocknet oder konserviert, beispielsweise in Essig eingelegt. Frisch sind vorwiegend kleinere, schärfere **Peperoni** zu finden.

Aus Mexiko stammen einige Sorten, die getrocknet in den Handel kommen: **Ancho-Chilis** mit gedrungenen Früchten und fruchtig-mildem Aroma sowie die ähnlichen **Mulato-Chilis**, die einen etwas rauchigen Geschmack haben. **Tepin-Chilis** bilden sehr kleine, rundliche Früchte mit mildem Aroma und einem leicht bitteren, nussigen Nachgeschmack. Das Fleisch der **Pasado-Chilis** erinnert im Geschmack, wenn man die Haut abzieht, an eine Mischung aus **Sellerie, Apfel** und **Zitrone**. Sie werden mit ihrem nussigen Geschmack gern für Suppen und Ragouts verwendet. Es gibt auch Sorten mit mildem Geschmack.

Aus Spanien kommt in getrockneter Form der **Guidilla**, der recht intensiv schmeckt, aber wegen seines süßlichen Aromas gut zu Fisch und Eiern passt. **Choricero-Chili** ist eine milde Sorte, die für Eintöpfe, Salate und Wurstwaren (Chorizo) verwendet wird. Im Baskenland wird

Espelette-Paprika angebaut, die im ganzen Südwesten Frankreichs wegen ihres unvergleichlichen Geschmacks und des zarten, fruchtig-süßen Aromas beliebt ist.

In der pharmazeutischen Industrie wird **Paprika** zur Herstellung von wärmenden Salben und Pflastern verwendet. Die Lebensmittelindustrie nutzt ein ätherisches Öl der Früchte zur Herstellung von Getränken.

CAPSICUM TETRAGONUM **Gewürzpaprika**
Familie: *Solanaceae*
Herkunft: *südliches Mexiko*
Höhe: *40 bis 80 Zentimeter*
Blütezeit: *Frühling*
Eigenschaften: *appetitanregend, kräftigend, tonisierend*

Das als Gewürz bekannte **Paprikapulver** wird aus einer Sorte hergestellt, die in Ungarn anzutreffen ist. Diese Pflanze gelangte zuerst nach Spanien, breitete sich dann in Marokko aus und kam um 1585 nach Ungarn. Sie gehört zur gleichen Familie wie die **Gemüsepaprika** und die **Chili**, doch hat sich diese milde Sorte fast ausschließlich in Ungarn etabliert. Ihren Geschmack verdankt sie im Wesentlichen den sandigen Böden und dem Klima. Durch Selektionsverfahren hat man im Erwerbsanbau insgesamt fünf verschiedene Sorten entwickelt, von denen die Typen *Kolocsa* und *Szeged* besondere Bekanntheit genießen.

Der Halbstrauch hat verzweigte, leicht verholzende Triebe mit glatter Rinde. Er trägt einfache, wechselständige Blätter und bildet weiße, selbstbefruchtende Blüten. Aus den Blüten entwickeln sich fleischige Früchte, die bis zu 20 Zentimeter lang werden. Sie sind zunächst grün und färben sich mit zunehmender Reife rötlich. Im Inneren befinden sich faserige Membranen, an denen kurz gestielte Samen stehen. Die Früchte haben eine feste, glatte, glänzende Haut und ein festes, saftiges Fleisch.

Der herbe Duft der Früchte liegt zwischen dem von **Peperoni** und **Gemüsepaprika**. Die Pflanzen sind etwas empfindlich, Temperaturen unter 10 °C vertragen sie nicht. Sie werden darum meist in Gewächshäusern vorgezogen und nach den letzten Frösten ins Freiland gesetzt. Sie wachsen recht langsam und verlangen viel Wärme, reichlich Wasser und einen nahrhaften Boden. Geerntet wird von Hand von Juli bis in den Herbst. Anschließend werden die Früchte getrocknet und gemahlen, um dann als **Paprikapulver** in den Handel zu kommen.

Die Gewürzpaprika

Getrocknete und zu Pulver zermahlene Paprika verleiht Gerichten eine sanfte Rotfärbung und einen leicht pikanten, süßlich-bitteren Geschmack. Sie wird hauptsächlich für Schmorgerichte, Wild, Fisch und herzhafte Gemüse verwendet. Roh findet man sie als Füllung von Oliven, aber auch als Zutat zu Salaten und Eintöpfen. Man kann Paprika auch in Essig oder Öl einlegen und als würzige Beilage servieren. Vor allem aber ist sie die wichtigste Zutat des ungarischen Gulaschs.

Gewürzpaprika ist das Gemüse mit dem höchsten Gehalt an Vitamin C. Sie gilt deshalb als Mittel gegen Müdigkeit und wird auch in der Rekonvaleszenz empfohlen. Sie regt den Appetit und die Produktion von Magensäften an und hat wegen ihres hohen Gehaltes an Provitamin A auch Bedeutung für das Wachstum von Kindern und Jugendlichen. Die reife **Gewürzpaprika** enthält Karotin und färbt Gerichte, die mit dem Gewürz abgeschmeckt werden, rötlich.

Carica papaya **Papaya**
Familie: *Caricaceae*
Herkunft: *Tropen*
Höhe: *6 bis 8 Meter*
Blütezeit: *Frühling*
Eigenschaften: *entzündungshemmend, fördert Gallentätigkeit und Verdauung*

Die **Papaya** wurde schon in präkolumbianischer Zeit von den Ureinwohnern Mittelamerikas und Brasiliens kultiviert. Erst im 18. Jh. gelangte sie nach Asien und wird seitdem in den tropischen und subtropischen Ländern angebaut.

Der schnellwüchsige Baum hat einen geraden Stamm mit grau-grüner Rinde, die von dreieckigen Narben der abgestorbenen Blätter gezeichnet ist. An der Spitze trägt er einen Schopf aus großen Blättern, die einen sehr langen Stiel haben

Die Papaya

Die Samen der Papaya finden als Gewürz vielerlei Verwendung. Sie enthalten das Enzym Papain, das als Zartmacher für Fleisch eingesetzt wird. Ihr Geschmack ist frisch-würzig und erinnert an Kresse. Man kann die zerkleinerten Samen an den Teig für Fleischklößchen geben, sie eignen sich auch zum Würzen von gegrilltem Fleisch. Auch für Marinaden, Wildgerichte und Frischkäsezubereitungen werden sie gern verwendet. Ihr leicht pfeffriges Aroma passt außerdem gut zu Fischgerichten mit hellen Soßen.

und zumeist aus sieben Lappen bestehen. Die Pflanze ähnelt einer Palme. **Papayapflanzen** sind in der Regel zweihäusig, sie tragen entweder männliche oder weibliche Blüten. Die männlichen Blüten haben eine schlanke Röhrenform und stehen in den Blattachseln. Die weiblichen Blüten sind größer, aber kürzer als die männlichen und haben meist eine weißlich-gelbe Färbung. Einige Arten sind aber auch zwittrig, beispielsweise die Sorte **Solo**, die wegen ihrer unkomplizierten Kultur für Exportfrüchte bevorzugt wird.

Größe und Gewicht der Früchte kann je nach Art unterschiedlich ausfallen. Sie können rund, oval oder länglich sein und fünf bis zehn Kilogramm wiegen. Das Fruchtfleisch ist weißlich, orange, rot oder intensiv gelb und hat eine buttrige Konsistenz. Die grauschwarzen Samen sind etwa so groß wie **Pfefferkörner** und erinnern geschmacklich an **Kresse** oder **Senf**. Sie sind in fünf Reihen im Inneren der Früchte angeordnet. Diese Samen werden frisch oder getrocknet als Gewürz verwendet. **Papayapflanzen** werden im April aus Samen herangezogen. Nach der Keimung setzt man die Jungpflanzen in nahrhaften, durchlässigen Boden an einen warmen, vollsonnigen Standort. Um bei zweihäusigen Arten die Bestäubung und damit einen reichen Ertrag sicher zu stellen, pflanzt man auf jeweils 20 weibliche Pflanzen eine männliche. Am Ende der ersten Saison tragen die Pflanzen die ersten Früchte. Insgesamt bringt eine Pflanze vier bis fünf Jahre lang Erträge.

Der milchige Saft der Pflanze, der in den Blättern, den Früchten und den Samen enthalten ist, enthält das Enzym Papain, das die chemische Aufschließung von Eiweißen unterstützt. Dieses proteolytische Enzym unterstützt auch die Verdauung von Pektinen sowie verschiedenen Zuckerstoffen und Lipiden und ähnelt den Enzymen, die im Verdauungstrakt des Menschen vorkommen. Man setzt es zur Behandlung von Gallen- und Leberfunktionsstörungen ein sowie zur Bekämpfung von Blähungen. In Indien kaut man die Samen, um den Atem zu erfrischen und die Verdauung zu fördern.

Papain wird auch zur Unterstützung von Schlankheitskuren und zur Bekämpfung von Cellulitis eingesetzt. Wegen seiner entzündungshemmenden Wirkung wirkt es lindernd bei Ödemen und Hämorriden. Außerdem unterstützt es die Zahnreinigung und wird zur Bekämpfung von Amöben und anderen Parasiten genutzt. Bei Gelenkschmerzen, Verstauchungen und entzündeten Verletzungen wirken Kompressen aus erhitzten **Papayablättern** lindernd.

Papain spielt eine wichtige Rolle als Stabilisator in der Bierbrauerei und wird in der Textilindustrie zur Behandlung von Seide und Wolle verwendet. In der Gerberei setzt man es ein, um Leder weich und geschmeidig zu machen.

Und schließlich betrachten einige Volksgruppen Australiens die Samen als Aphrodisiakum.

Carum ajowan — Ajowan

Familie: *Umbelliferae*
Herkunft: *Südindien*
Höhe: *40 bis 60 Zentimeter*
Blütezeit: *Sommer*
Eigenschaften: *antiseptisch, beruhigend, keimtötend, magenstärkend, verdauungsfördernd*

Der **Ajowan** ähnelt der **Wilden Petersilie**. Die einjährige Pflanze wächst außer in Südindien auch in Pakistan, Afghanistan, Iran und Ägypten wild. Über den langen Stielen erheben sich schirmförmige Blüten, aus denen sich die Samen bilden. Diese haben einen intensiven Geschmack, der an **Thymian** erinnert, und werden als Gewürz geerntet. **Ajowan** gedeiht in tiefgründigem, nahrhaftem, feuchtem Boden bevorzugt in halbschattiger Lage. Aus den Samen mit dem aromatischen, bitter-würzigen Geschmack wird das ätherische Öl Thymol gewonnen.

Seit Jahrhunderten wird der **Ajowan** in Indien wegen seiner medizinischen Wirkung eingesetzt. Er wirkt lindernd bei asthmatischen Beschwerden, aber auch bei Durchfall, Blähungen und Verdauungsbeschwerden. Die grob zermahlenen Samen gibt man auch als Gewürz an Gerichte aus Hülsenfrüchten. Daneben wird **Ajowan** für herzhaftes Gebäck und Brotteige verwendet.

Carum carvi — Wiesenkümmel

Familie: *Umbelliferae*
Herkunft: *Europa, Zentralasien*
Höhe: *20 bis 60 Zentimeter*
Blütezeit: *Mai bis Juli*
Eigenschaften: *adstringierend, verdauungsfördernd, lindernd bei Blähungen und Wurmbefall*

Diese Pflanze zählt zu den ältesten bekannten Gewürzen. Funde beweisen, dass es sie schon im Neolithikum gab. Die Römer benutzten sie zum Aromatisieren von Brot und sorgten im gesamten Römischen Reich für ihre Verbreitung. Im Mittelalter kannte man sie unter dem Namen **Carvi** und verwendete sie für Liebestränke, die die Treue sichern sollten.

Wiesenkümmel wächst wild in Europa, Sibirien und im Kaukasus. Die Pflanze hat sich auf fast alle Erdteile ausgebreitet und besiedelt Wiesen, Brachland sowie die Wegränder der Bergregionen. Früher sammelte man die Samen der wild wachsenden Pflanzen, heute wird der **Wiesenkümmel** auch auf schweren, feuchten Böden angebaut. Allerdings haben die Samen des **Wilden Wiesenkümmels** ein intensiveres Aroma. Die zweijährige Pflanze gehört botanisch zur gleichen Familie wie die **Mohrrübe**.

Die Stiele entwickeln sich erst im zweiten Standjahr. Sie sind leicht verzweigt, hohl und geriffelt. Sie tragen vielfach fein geschnittene Blätter, die kleiner als die basalständigen Blätter sind. Die kleinen weißen Blüten erscheinen in schirmförmigen Blütenständen. Die länglich-ovalen Früchte haben einen braunen Farbton. Im Sommer sind die Samen reif und können geerntet werden.

Der würzige Duft der Samen erinnert an **Fenchel** und **Anis**, jedoch mit einem leichten Anklang von **Eukalyptus**. Aus den Früchten wird eine aromatische Essenz gewonnen, deren wesentliche Inhaltsstoffe Carvon und Limonem sind. Daneben enthalten sie Tannine, Proteine, Öle, Glycide und Flavonoide. Die Blätter sind insgesamt ärmer an Inhaltsstoffen, enthalten aber Karotin und Vitamin C.

Wiesenkümmel wird mit seinem angenehmen Aroma zum Würzen verschiedenster Speisen verwendet. Die fein gehackten Blätter gibt man an Suppen, Omelettes und Salate. Er wirkt günstig auf die Verdauungstätigkeit und verhindert Blähungen, außerdem bekämpft er Darmparasiten. Auch für die Herstellung von alkoholischen Getränken spielt **Kümmel** eine wichtige Rolle, er wird beispielsweise für den Aquavit verwendet.

Der Wiesenkümmel

Kümmel hat einen angenehmen Geruch und wird als Gewürz für viele Gerichte verwendet, beispielsweise für Würste und Fleischgerichte, aber auch für Brotteige, fermentierten Käse (zum Beispiel Munster), salzige Plätzchen, Pilze, Eintöpfe, Soßen und Gemüse – vor allem Kohlgerichte. Die fein geschnittenen Blätter gibt man an Kräutersuppen, Salate, Omelettes und Kartoffeln.

CARYOTA URENS — ***Brennpalme***

Familie: *Arecoidae*
Herkunft: *Indien, Malaysia, Sri Lanka und Birma*
Höhe: *20 Meter*
Blütezeit: *Sommer*
Eigenschaften: *nährend, anregend, tonisierend*

Die **Brennpalme** ist eine sehr attraktive Palme, deren säulenförmiger Stamm von den ringförmigen Narben der abgefallenen Wedel gezeichnet ist. Die bipinnaten Blätter können eine Länge von fünf bis sechs Metern und eine Breite von drei Metern erreichen. Sie stehen als gewaltiger Schopf von etwa 15 Blättern an der Spitze des Stammes. Die Einzelblättchen sind V-förmig gefaltet und an den Rändern gezahnt. Erst im Alter von etwa 13 Jahren tragen die Palmen die ersten Blüten. Diese erscheinen über etwa fünf Jahre auf der ganzen Höhe des Stammes, wobei sie zunächst an der Spitze der Pflanze erscheinen, dann nach und nach über die ganze Länge des Stammes nach unten wachsen. Nachdem die letzte Blüte Früchte gebildet hat, stirbt die Palme ab. Die runden Früchte haben etwa die Größe einer Kirsche und sind ungenießbar. Sie haben eine dünne, feste Haut von rötlich-brauner Färbung. Ihr rotes Fruchtfleisch enthält Oxalate.

Der Saft der **Brennpalme** hingegen wird zur Herstellung von hochwertigem Palmzucker verwendet. Er besteht aus Wasser, enthält aber auch größere Mengen Saccharose (Zucker) und Mineralsalze und wird vor allem zur Bekämpfung von Müdigkeit eingesetzt. Ansonsten wird er wie alle anderen Zuckerarten zum Süßen von Speisen und Getränken verwendet, aber auch für Konfitüren und Gebäck.

Aus dem Mark des Stammes produziert man **Sago**, und aus den dunklen Fasern werden Körbe, Seile und Bürsten hergestellt.

CASSIA FISTULA — ***Röhrencassie, Gewürzrinde***

Familie: *Caesalpiniaceae*
Herkunft: *alle warmen Regionen der Erde*
Höhe: *20 Meter*
Blütezeit: *März bis Mai*
Eigenschaften: *abführend, nahrhaft, erfrischend*

Die **Röhrencassie** ist in den trockenen Regionen Indiens und Sri Lankas anzutreffen. Es gibt jedoch in allen warmen Regionen der Erde viele verschiedene Unterarten, von denen einige auch als Zierbäume oder Ziersträucher gehalten werden. Die **Cassie** gehört zur Ordnung der Leguminosen (Hülsenfrüchte).

Vom Frühsommer an trägt die Pflanze blass- oder goldgelbe Blüten, die in langen, hängenden Trauben erscheinen. Diese Blüten haben ihr auch den volkstümlichen Namen **Indischer Goldregen** eingetragen. Die bis zu 50 Zentimeter langen Blätter bestehen aus wechselständigen, länglich-ovalen Einzelblättern, die eine Länge von 20 Zentimetern erreichen können.

Die Früchte sehen aus wie längliche, zylindrische Schoten. Sie sind dunkelrotbraun und können fast so lang wie die Blätter werden. Sie sind in mehrere Segmente unterteilt, in denen die Samen in einem schwärzlichen, zuckerhaltigen, klebrigen Mark liegen. Dieses Mark mit dem sanft-

süßlichen Geschmack wird wegen seiner medizinischen Wirkungen verwendet. Die Blätter werden für Teezubereitungen zur Blutreinigung eingesetzt.

Chasmanthera palmata, C. columba
Kalumbawurzel
Familie: *Menispermaceae*
Herkunft: *Afrika*
Höhe: *etwa 10 Meter*
Blütezeit: *Frühling*
Eigenschaften: *appetitanregend, tonisierend, magenstärkend*

Diese mehrjährige Kletterpflanze bildet kräftige Triebe. Die Blätter stehen an langen Stielen und haben eine leicht gelappte Form. Die weißen Blüten stehen ebenfalls an hohen Stielen in lockeren Gruppen. Die Wurzel der Pflanze ist fleischig. Sie gilt in Afrika als ein wichtiges Heilmittel für Darmerkrankungen, daher stammt auch die Bezeichnung **Ruhrwurzel**. Nach Europa gelangte die **Kalumbawurzel** im 17. Jh. durch portugiesische Seefahrer. Sie enthält Alkaloide und Bitterstoffe und wird gern zum Aromatisieren von Aperitifs eingesetzt. Außerdem verwendet man sie zum Würzen von afrikanischen und asiatischen Gerichten.

Die verwandte Art *Menispermum columba* ist ein Halbstrauch oder kleiner Baum, der in Sri Lanka heimisch ist. Seine Wurzel ist von konzentrischen Kreisen gezeichnet, hat eine gelblich-grüne Färbung und einen sehr bitteren Geschmack. Sie wird zur Stärkung des Magens, zur Anregung des Appetits und in der Rekonvaleszenz verabreicht, dient aber auch als bitteres Gewürz in der asiatischen Küche.

Cinchona lancifolia, C. officinalis, C. succirubra
Chinarindenbaum
Familie: *Rubiaceae*
Herkunft: *tropisches Amerika*
Höhe: *30 Meter*
Blütezeit: *Spätfrühling*
Eigenschaften: *schmerzstillend, appetitanregend, adstringierend, bakterizid, fiebersenkend, tonisierend, regulierend auf die Herztätigkeit*

Diese Pflanze wird auch **Quinquina** genannt. Der Name geht auf das indische Wort *quina* (Rinde) zurück. Tatsächlich entzieht man die Wirkstoffe dieses Baumes hauptsächlich der Rinde. Erst im 17. Jh. entdeckten die in Peru ansässigen Europäer die bedeutenden medizinischen Wirkungen dieser Pflanze. 1648 wurde die **Chinarinde** nach Europa gebracht. In Frankreich kam die Pflanze durch ***Ludwig XIV.*** in Mode. Erst im 18. Jh. brachte ***La Condamine*** das erste Exemplar der **Grauen Chinarinde** (*Cinchona officinalis*) mit nach Europa. Das aus der Rinde dieses Baumes gewon-

Die Gewürzrinde

Aus dem Mark der Gewürzrinde stellt man köstliches Kompott, Fruchtpaste und andere Leckereien her, außerdem wird es für eine süß-saure Soße verwendet. Auf frischen Toast gestrichen ergibt das Mark ein köstliches und nahrhaftes Frühstück.

nene Pulver wurde vor allem zur Bekämpfung von Fiebererkrankungen in den Tropen eingesetzt, fand aber bald auch in Frankreich Verwendung als Heilmittel. 1820 isolierten ***Pelletier*** und ***Caventou*** aus der Rinde der Pflanze die Alkaloide Chinin und Chindin. Das Chinin löste bald die pulverisierte **Chinarinde** in der Behandlung vieler Krankheiten ab. Heute sind die beiden wichtigsten Arten *C. officinalis* mit gelber Rinde und *C. succirubra* mit seinem hohen Gehalt an Alkaloiden. Die letztere Sorte liefert 90 Prozent des Weltverbrauchs an **Chinarinde**.

Man verwendet drei Arten von **Chinarinde**. Die gelbe Rinde der Art *C. lancifolia* ist besonders begehrt und wird am häufigsten kultiviert. Sie hat einen sehr bitteren Geschmack und starke, fiebersenkende Wirkung. Aus einem Kilogramm Rinde lassen sich 32 Gramm Chinin gewinnen. **Graue Chinarinde** stammt von den Arten *C. condamina* und *C. officinalis*. Auch sie schmeckt bitter und enthält ebenfalls viel Chinin. Der Extrakt der **Roten Chinarinde** *C. succirubra* hat einen bitter-säuerlichen Geschmack, ihr Alkaloidgehalt ist jedoch eher gering.

Diese Bäume sind auf den Hängen der Anden verbreitet, vor allem in den höher gelegenen Wäldern mit feuchtem, nebligem Klima. Sie sind immergrün und haben große, lanzettliche bis ovale, wechselständige Blätter von ledriger Textur. Die Blüten in Rosa oder Cremeweiß erscheinen in großen, endständigen Gruppen. Aus ihnen entwickeln sich zweikammerige Früchte von runder oder länglicher Form, die zahlreiche Samen enthalten. Die Blüten der Art *C. succirubra* sind intensiv rot.

Medizinische Verwendung findet die Rinde der jungen Zweige, der Stämme und der Wurzeln. Der erwerbsmäßige Anbau der Bäume findet hauptsächlich in den Höhenlagen tropisch-feuchter Regionen statt; die Bäume werden etwa 10 bis 15 Jahre alt. Die Rinde enthält noch weitere wertvolle Alkaloide, die man zur Herstellung von Medikamenten gegen Fieber und Grippe, vor allem aber zur Produktion von Malariamitteln nutzt.

Das Alkaloid Chindin findet Verwendung in Produkten, die bei Herzrhythmusstörungen verabreicht werden. Zudem regt **Chinarinde** den Appetit an und fördert die Produktion von Speichel und Verdauungssekreten. In der Lebensmittelindustrie wird sie zur Herstellung von bitteren Getränken wie Tonic Water verwendet, aber auch für bittere Alkoholika, die man als Aperitif genießt, beispielsweise Quinquina oder Dubonnet.

CINNAMOMUM CAMPHORA — ***Kampfer***
Familie: *Lauraceae*
Herkunft: *Südchina, Taiwan und Japan*
Höhe: *15 Meter*
Blütezeit: *Sommer*
Eigenschaften: *antiseptisch, insektizid, ableitend, anregend für die Herztätigkeit*

Der Kampfer

In der Medizin wird der Kampfer äußerlich als ableitendes Mittel verwendet, innerlich dient er zur Anregung der Herztätigkeit. Er ist auch in Einreibemitteln gegen Muskelschmerzen und rheumatische Beschwerden enthalten. Außerdem gilt er als gutes Mittel zur Reinigung und Desinfektion der Luft und zum Vertreiben von Insekten.

Aus dem **Kampferbaum** wird ein aromatisches Öl gewonnen. Er ist seit Jahrtausenden in China und Japan bekannt und sehr geschätzt. Weil er eine beträchtliche Größe erreicht und sehr alt werden kann (mehrere Jahrhunderte, in Einzelfällen bis zu 1.000 Jahre), galt er lange als Baum des Lebens. In der chinesischen Mythologie heißt es, dass man bei Eintritt ins Paradies seine Früchte angeboten bekommt, welche Unsterblichkeit verleihen. Die Araber, die im 12. Jh. Handel mit dem Fernen Osten trieben, entdeckten die medizinischen Eigenschaften des Baumes und brachten ihn auch nach Europa. Allgemeine Verbreitung und Bekanntheit genießt der **Kampfer** aber erst seit dem 17. Jh.

Der **Kampferbaum** ist wüchsig und immergrün. Er hat einen knotigen Stamm und eine reiche Belaubung. Die glatten, glänzenden Blätter sind länglich-oval und lang ge-

stielt. Die jungen Blätter sind rötlich. Sie verfärben sich aber mit zunehmendem Alter leuchtend grün, während ihre Rückseite einen bläulichen Schimmer erhält. Die kleinen, gelblichen Blüten erscheinen in lockeren Blütenständen. Aus ihnen entwickeln sich kleine Früchte mit einem einzigen Samen. Die Pflanze hat einen intensiven **Kampfergeruch** und einen herb-aromatischen Geschmack. Erst im Alter von etwa 25 Jahren beginnt der Baum, **Kampfer** zu produzieren. Im Alter von etwa 40 Jahren erreicht die Produktion ihren Höhepunkt. Dann fällt man die Bäume und zerkleinert das Holz, um daraus den **Kampfer** zu destillieren. Er ist flüchtig und leichter als Wasser und findet auch in der Industrie vielseitige Verwendung.

Viele ätherische Öle enthalten **Kampfer** in kleinen Mengen, beispielsweise die von **Lavendel, Rosmarin, Majoran, Rainfarn** und **Baldrian**.

CINNAMOMUM CASSIA **Cassia**

Familie: *Lauraceae*

Herkunft: *Birma*

Höhe: *3 Meter*

Blütezeit: *Sommer*

Eigenschaften: *stärkend, tonisierend, beruhigend für den Magen*

Cassia ist in China und Ägypten schon seit Urzeiten bekannt. Man verwendete sie zum Würzen von Speisen und zum Einbalsamieren der Toten. **Cassia** ist die weltweit meistverbreitete **Zimtart**. Heute wird die Pflanze vorwiegend in China, Südostasien und Mittelamerika angebaut. Man gewinnt das Gewürz, indem man die Rinde von den Zweigen schält und in der Sonne trocknet. Bei der Trocknung rollt sie sich von selbst ein, so dass die typischen **Zimtstangen** entstehen. Die **Cassia** gedeiht in allen tropischen Regionen. Das immergrüne Laub ähnelt dem des **Lorbeers**. Aus den gelben Blüten entwickeln sich Früchte, die an **Gewürznelken** erinnern. **Cassia** enthält viele ätherische Öle und wirkt vor allem günstig bei Verdauungsbeschwerden und Blähungen.

Cassia wird zum Würzen von Curry-Fleischgerichten verwendet und ist auch für süß-sauer eingelegtes Gemüse geeignet. Das Gewürz passt gut zu Fruchtkompotten und wird auch zum Parfümieren von Schokolade verwendet. **Cassia** und **Ceylonzimt** gehören zwar zur gleichen Pflanzenfamilie, doch unterscheiden sich die aus ihnen gewonnenen Gewürze erheblich.

Der Ceylonzimt

Der Duft des Ceylonzimts ist exotisch und süßlich, das Gewürz passt daher besonders gut zu Süßspeisen. Es wird in Stangenform und als Pulver angeboten. Gemahlenen Zimt verwendet man auch für verschiedene Backwaren. Zimtstangen kann man zum Würzen von Ragouts, Reisgerichten, Glühwein, Punsch und Fruchtsirups benutzen. Zimt ist ein typisches Gewürz für marokkanische Tajine und iranische Reisgerichte, gehört aber auch in die asiatische Fünf-Gewürz-Mischung. In Deutschland und Russland wird er zum Parfümieren von Schokolade verwendet. Aus den getrockneten Blütenknospen kann man einen mild duftenden Aufguss bereiten.

CINNAMOMUM ZEYLANICUM

Zimt, Ceylonzimt

Familie: *Lauraceae*

Herkunft: *Sri Lanka*

Höhe: *7 bis 10 Meter*

Blütezeit: *Sommer*

Eigenschaften: *antiseptisch, krampflösend, adstringierend, carminativ, fiebersenkend, anregend*

Als Gewürz kennt man die aromatische Rinde des **Ceylonzimtbaumes**, der auf der Insel Sri Lanka heimisch ist. Die Pflanze wird als „echte" **Zimtpflanze** angesehen und liefert einen **Zimt** von hoher Qualität. Echter **Ceylonzimt** wird in verschiedenen tropischen Ländern angebaut: in Sri Lanka, Madagaskar, Brasilien und auf den Seychellen. Man erntet diese in Europa bevorzugte **Zimtart** von kleinen Bäumen mit rötlicher, aromatischer Rinde. Die immergrünen, ledrigen Blätter sind glatt und glänzend und haben eine länglich-ovale bis lanzettliche Form. Junge Blätter sind rötlich, später färben sie sich dunkelgrün. Die blassgelben Früchte, die von der Form her entfernt an **Birnen** erinnern, stehen in Gruppen und entwickeln sich zu rundlichen Früchten von grüner bis dunkel rotbrauner Färbung.

Der **Ceylonzimtbaum** braucht um zu gedeihen einen sandigen Boden in feuchtwarmem Klima. Sind die Pflanzen

etwas größer, werden sie gekappt und bilden unter optimalen Bedingungen acht bis zehn Seitentriebe, die man etwa alle zwei bis drei Jahre entfernt. Dieser Eingriff erfolgt normalerweise während der Regenzeit, weil sich dann die Rinde, deren äußere Schicht entfernt wird, leichter abschälen lässt. Diese äußere Rindenschicht lässt man trocknen, wobei sie sich einrollt und die typischen **Zimtstangen** bildet. Erst während der Trocknung entwickelt sich auch die charakteristische Farbe. **Ceylonzimt** enthält ätherisches Öl, Terpene, Schleimstoffe und Tannine. Man setzt ihn zur Behandlung von Magenbeschwerden, Durchfall und anderen Verdauungsstörungen ein. Durch Destillation entzieht man ihm das ätherische Öl, das bis zu 70 Prozent Eugenol enthält. Dieser Stoff wird bei Husten, Fieber und Schnupfen, aber auch bei rheumatischen Schmerzen und Muskelverspannungen empfohlen. Es dient auch als Ersatz für **Gewürznelkenöl**.

CITRUS AMBLICARPA, C. HYSTRIX **Wildlimone, Kombava**

Familie: *Rutaceae*
Herkunft: *Ferner Osten, Thailand*
Höhe: *4 bis 5 Meter*
Blütezeit: *April / Mai bis in den Herbst*
Eigenschaften: *appetitanregend, tonisierend*

Diese Zitrusfrucht ist eine wilde oder halbwilde **Limone**, die gelegentlich auch unter den Bezeichnungen **Makrut** oder **Sambal** angeboten wird. Im Gegensatz zu ihren meisten Verwandten bevorzugt sie tropisch-heißes Klima. Der stark mit Dornen bewehrte Strauch wächst etwas sparrig und hat sehr dichtes Laub. Die Früchte erinnern an kleine, grüne **Zitronen** mit unregelmäßig eingedellter Schale. Man benutzt sie hauptsächlich als Gewürz. Sie geben jedoch keinen Saft, sondern lediglich ein grünliches Mark mit stark saurem, bitterem Geschmack. Die vollreifen Früchte färben sich gelb, sie werden aber unreif und grün geerntet, weil sie dann weitaus mehr ätherische Öle enthalten. Die paarweise angeordneten Blätter des Strauches sind dunkelgrün und glänzend. Sie haben den typischen „geflügelten" Blattstiel der Zitrusfrüchte und einen sehr herben Geruch.

Die **Wildlimone** enthält ätherische Öle und Vitamin C. Sie wird vor allem für die Herstellung von Shampoos und Cremes verwendet, aber auch zur Zubereitung von Stärkungsmitteln.

Die Wildlimone

Die Blätter und die geriebene Schale werden als Gewürz in der indonesischen und thailändischen Küche verwendet. Sie eignen sich auch zum Aromatisieren von milden Soßen zu Fisch und Geflügel, für Suppen und Currys. In Cocktails wird der Saft gelegentlich als Ersatz für Limettensaft eingesetzt, während die intensiv duftende Schale in der Parfümindustrie eine Rolle spielt. Frische und getrocknete Kombavablätter sind in asiatischen Lebensmittelgeschäften zu bekommen. Die frischen Blätter lassen sich gut einfrieren.

CITRUS AURANTIIFOLIA **Limette**

Familie: *Rutaceae*
Herkunft: *Südostasien*
Höhe: *4 bis 5 Meter*
Blütezeit: *Frühling bis Herbst*
Eigenschaften: *antirheumatisch, antiseptisch, fiebersenkend, erfrischend, remineralisierend, tonisierend, hilfreich bei Vitamin-C-Mangelerscheinungen*

Die **Limette**, auch bekannt als **Saure Limette**, ist eine Zitrusfrucht, die in Südamerika und Asien häufig anzutreffen ist. Die Kreuzritter brachten die Sträucher und kleinen Bäumchen in den Mittelmeerraum. Aber erst drei Jahrhunderte später, im 16. Jh., pflanzten die Portugiesen diese Pflanzen in Mittel- und Südamerika, wo sie seitdem sesshaft geworden sind und häufig kultiviert werden. Heute werden vorwiegend **Limetten** aus Mexiko und von den Antillen angeboten, die eine runde Form und eine dunkelgrüne Schale haben. Die **Limetten** aus Tahiti und Persien sind kleiner, haben keine Kerne, geben mehr Saft und sind generell milder. Einen besonders intensiven Duft haben die **Rangpur-Limetten**. Die Pflanze ist ein kleiner Baum oder größerer Strauch mit vielen Stacheln und dichter Belaubung, der sich in tropisch-warmen Regionen wohl fühlt. Die Früchte haben eine relativ dünne Schale, deren äußere Schicht ein intensiv duftendes ätherisches Öl enthält. Darunter befindet sich eine innere Schicht von watteähnlicher Konsistenz, die unverdaulich ist. Das säuerliche Fruchtfleisch, das den Saft und die Kerne enthält, ist in Segmente unterteilt. Die **Limette** enthält sehr viel Vitamin C, hat aber kaum Kalorien. Außerdem enthält sie Spurenelemente, Mineralsalze, Pektin, Zuckerstoffe sowie Apfel- und Zitronensäure. Sie zeichnet sich durch vielfältige medizinische Wirkungen aus. Hauptsächlich ist sie als wirksames Mittel gegen Skorbut und andere Vitamin-C-Mangelerscheinungen bekannt. Aus diesem Grund gehörte sie lange zur Grundausrüstung auf Schiffen.

Die **Limette** wird häufig mit der **Grünen Zitrone** verwechselt. Es handelt sich jedoch um zwei verschiedene Früchte. Während die **Limette** eine dünne Schale hat, ist die Schale der **Grünen Zitrone** sehr dick und hat einen charakteristischen, herben Geruch. Die **Limette** wird zur Aromatisierung und Säuerung verschiedener Limonaden verwendet. Auch in der Küche setzt man sie ein, wenn ein Spritzer frischer Säure erwünscht ist.

In der indonesischen und thailändischen Küche werden die fein zerkleinerten Blätter und die abgeriebene Schale gern verwendet, um Speisen eine herb-bittere Note zu geben. Der Geschmack passt zu Schweinefleisch, Wild und Fisch. Klassisch ist das mexikanische Gericht Ceviche aus rohem Fisch, der in **Limettensaft** mariniert wurde. Die **Limette** eignet sich auch zum Abschmecken von Salaten und Desserts. An Suppen und Currys gibt man die fein gehackten Blätter, die eine sanftere Würzkraft besitzen. Die Schale wird zum Aromatisieren von Punsch verwendet.

CITRUS AURANTIUM **Bitterorange, Pomeranze**

Familie: *Rutaceae*
Herkunft: *vermutlich China und östliches Indien*
Höhe: *5 bis 6 Meter*
Blütezeit: *Frühling bis Herbst*
Eigenschaften: *krampflösend, appetitanregend, tonisierend, magenstärkend, hilfreich bei Wurmbefall*

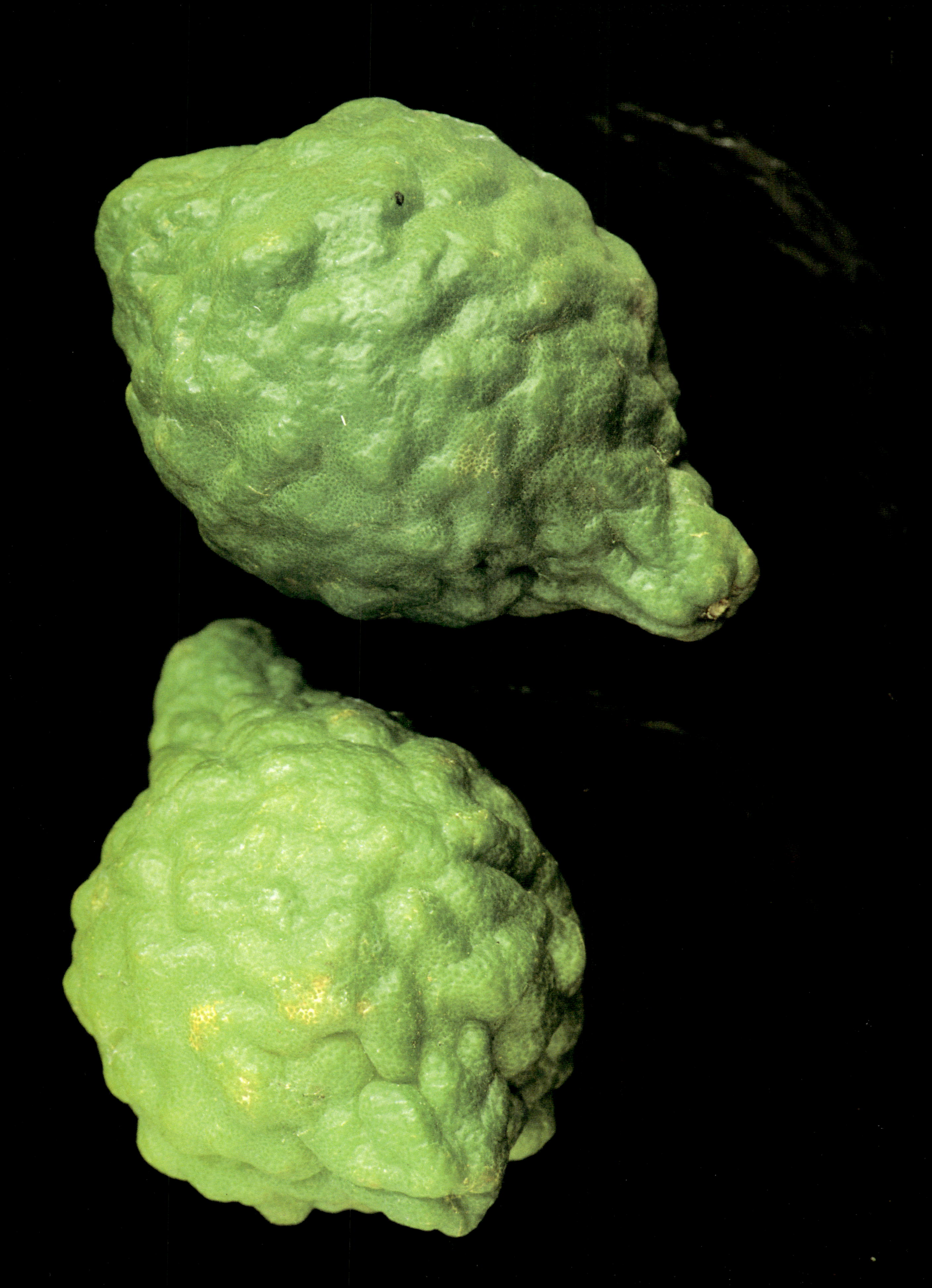

Die **Bitterorange**, auch unter dem Namen **Pomeranze** bekannt, ist eine enge Verwandte der **Orange**. Sie unterscheidet sich jedoch im Hinblick auf die Früchte, die wesentlich saurer und bitterer schmecken. Die **Bitterorange** war die erste Orangenart, die nach Europa gelangte, vornehmlich nach Italien und Spanien. Die **Bitterorange** ist ebenfalls eng mit der **Bergamotte** verwandt und bildet einen immergrünen Strauch mit kräftigen Dornen und gestielten, ledrigen, duftenden Blättern. Die weißen Blüten stehen auf einem relativ langen Stiel und entwickeln sich nach der Bestäubung zu Früchten. Diese sind fast kugelrund und enthalten ein nahezu ungenießbares Fruchtfleisch. Die orange-gelbe Schale hat jedoch einen sehr intensiven Duft. **Bitterorangen** brauchen viel Wärme und werden im Mittelmeerraum im Freiland kultiviert. Sie brauchen einen sandigen, aber zugleich fruchtbaren und leicht kalkhaltigen Boden und müssen in den Sommermonaten regelmäßig bewässert werden. Aus Samen gezogene Pflanzen eignen sich als Veredelungsunterlage. Die vollreifen Früchte werden von November bis März geerntet.

Die **Bitterorange** enthält reichlich Vitamin C und ein ätherisches Öl, das als Neroli bekannt ist. Man verwendet ihre Blätter und die Rinde zur Zubereitung von Aufgüssen gegen Magenschmerzen, Krämpfe und Darmparasiten. Aus den Blüten gewinnt man ein duftendes **Orangenblütenwasser**, das festigend und tonisierend auf die Haut wirkt. Als Gewürz wird die **Bitterorange** in Südfrankreich und in Südamerika geschätzt.

Industriell wird die **Bitterorange** zur Herstellung von Likören wie Curaçao und Cointreau verwendet. In der Parfümerie setzt man vor allem die aromatische Rinde ein, aber auch die Blüten und Blätter des Baumes.

Die Zitrone

Zitrone passt gut zu hellem Fleisch, Geflügel und natürlich zu Fisch. Mit ihrem Saft würzt man Vinaigrette, Mayonnaise und andere Soßen. Man kann die Früchte auch im Ganzen in einer Lake konservieren. Zitronen werden für Sorbets, Gebäck und verschiedene Desserts verwendet. Mit der Schale und dem Saft würzt man das berühmte Zitronensoufflee. Bei Fisch und Meeresfrüchten darf Zitrone nicht fehlen, wenngleich manche Feinschmecker sie zu Seeigeln ablehnen. Typisch englisch ist die herbe Zitronenmarmelade mit Streifen der bitteren Schale.

CITRUS BERGAMIA — **Bergamotte**
Familie: *Rutaceae*
Herkunft: *Süditalien (Kalabrien)*
Höhe: *5 bis 9 Meter*
Blütezeit: *Spätfrühling bis zum Herbst*
Eigenschaften: *antiseptisch, krampflösend, aromatisch, beruhigend, schlaffördernd*

Die **Bergamotte** ist eng mit der süßen **Orange** verwandt und trägt Früchte mit einem starken, sehr angenehmen Duft. Dieser Obstbaum wird hauptsächlich wegen seines Aromas kultiviert. Zurzeit versucht man, die Pflanze an der Elfenbeinküste anzusiedeln, wo sie offenbar zufrieden stellende Erträge bringt. Die teilweise dornigen Zweige tragen leuchtend dunkelgrüne, glänzende Blätter mit gezahnten Rändern und relativ harter, ledriger Textur. Die weißen Blüten verströmen einen milden Duft. Aus ihnen entwickeln sich blassgelbe, birnenförmige Früchte von durchschnittlich sieben bis zehn Zentimetern Länge. Die Schale enthält 0,5 Prozent ätherisches Öl, dem die Pflanze ihre Bedeutung als Heil- und Würzpflanze verdankt. Wegen des Bergaptens, das in dem ätherischen Öl enthalten ist, wird sie auch zur Photosensibilisierung verwendet. Daneben spielt die **Bergamotte** eine Rolle in der Parfümerie, der Konditorei und der Herstellung von Likören. Eines der bekanntesten **Bergamotte**-Produkte ist das berühmte Kölnischwasser. In der Dermatologie wird sie für Bräunungsprodukte verwendet. In England wird sie traditionell zum Parfümieren verschiedener Gebäcke und vor allem für den berühmten Earl-Grey-Tee eingesetzt. Aus dem Holz und der Rinde fertigte man früher Bonbonnieren, auch Bergamot genannt, die einen zarten Duft verströmten.

CITRUS LIMON — **ZITRONE**
Familie: *Rutaceae*
Herkunft: *Indien*
Höhe: *4 bis 5 Meter*
Blütezeit: *Mai bis Herbst*
Eigenschaften: *antirheumatisch, antiseptisch, blutreinigend, harntreibend, fiebersenkend, lindernd bei Pilzerkrankungen*

In freier Natur findet man **Zitronenbäume** am Fuße des Himalaya, genauer in Nepal, Bhutan, Indien und Pakistan. Die Pflanze wurde zunächst in Mesopotamien eingeführt und akklimatisierte sich dort, später gelangte sie nach Ägypten, Palästina und Nordafrika. Mit den Kreuzrittern kam sie nach Sizilien, und im 16. Jh. brachten die Seefahrer sie in die Neue Welt und pflanzten sie auf den Antillen an.

Heute ist die Pflanze in allen subtropischen Regionen der Erde verbreitet. Es ist ein kleiner Baum mit grauer Rinde und rundlicher Krone. Die immergrünen Blätter haben ein helles Grün. Die Blüten mit dem zarten Duft sind innen weiß und außen violett gefärbt. Sie erscheinen in Gruppen an den Spitzen der Triebe. Die Früchte sind recht groß und oval, zu beiden Enden hin verjüngen sie sich zu einer Spitze. Junge Früchte sind bräunlich-grün, mit zunehmender Reife nehmen sie eine Gelbfärbung an. Die äußere Schicht der Schale enthält ein sehr aromatisches ätherisches Öl. Wie alle Zitrusfrüchte ist auch die **Zitrone** außerordentlich reich an Vitamin C und enthält etwa fünf bis zehn Prozent **Zitronensäure**.

Die reinigende Wirkung kann sich nur entfalten, wenn man den Saft frisch gepresst trinkt. Reinigend und klärend wirken auch Kompressen mit frischem **Zitronensaft** auf der Haut. Wegen seiner Säure wirkt **Zitronensaft**, verdünnt eingenommen, auch erfrischend bei Fieber und heilend bei Entzündungen. Eine Erkältung lässt sich im Frühstadium durch den Genuss von reichlich frischer **Zitrone** aufhalten. Bei Pilzerkrankungen wird empfohlen, die befallene Haut mit der Schale der Frucht abzureiben. **Zitronensaft** ist ein ausgezeichnetes Antioxidantium, das die Braunfärbung von geschnittenem Obst verhindert.

CITRUS MEDICA ***Zitronat-Zitrone***
Familie: *Rutaceae*
Herkunft: *Wälder des Himalaya, Indochina*
Höhe: *3 bis 4 Meter*
Blütezeit: *April bis Herbst*
Eigenschaften: *antiseptisch, fiebersenkend, erfrischend, tonisierend, blutungsstillend, lindernd bei Vitamin-C-Mangelerscheinungen*

Die Frucht ähnelt einer großen **Zitrone** und wird wegen ihres Aromas sehr geschätzt. Die Pflanze wird seit Urzeiten in Indien und China angebaut. Die Soldaten ***Alexanders des Großen*** brachten sie zusammen mit der **Bitterorange** nach Europa. Dass die Griechen und Römer sie zu schätzen lernten, verraten die zahlreichen römischen Mosaiken. In Rom legte man sie in Salz ein und servierte sie als duftende, würzige Beilage. Heute wird die **Zitronat-Zitrone** vor allem in Italien zwischen Genua und Florenz kultiviert.

Die immergrüne Pflanze ist kleiner als ein **Zitronenbaum** und trägt kurze, starre Zweige, die von Dornen bewehrt sind. Die hellgrünen Blätter haben eine länglich-ovale Form und sind zugespitzt. Die Blüten haben einen Violett- oder Purpurton, sind recht groß und erscheinen nur in geringer Zahl. Aus ihnen entwickeln sich die Früchte, die eine sehr dicke und unregelmäßige Schale haben. Diese Früchte sind zunächst rot und verfärben sich mit zunehmender Reife erst grün und später gelb. Sie ähneln **Zitronen**, haben aber ein weniger saures Fleisch mit schwächerem Duft. Die Schale enthält ein intensiv duftendes ätherisches Öl.

Die Früchte enthalten Zitronen- und Apfelsäure, Kaliumzitrat, Kalzium, Zuckerstoffe, Schleimstoffe, Pektin, Mineralsalze, Spurenelemente und Vitamin C. Sie besitzen verschiedene medizinische Eigenschaften. Das aus der Schale gewonnene ätherische Öl ist ein wirkungsvolles Antiseptikum. In der Küche verwendet man die kandierte Schale für aromatisches Gebäck und kräftige Marmeladen. In der Parfümerie wird das duftende Öl für Parfüms, Eaux de Toilette und verschiedene Pflegeprodukte eingesetzt.

Es gibt verschiedene Unterarten. *Citrus medica var. l'etrog* ist Bestandteil des *Lulaw*, dem rituellen Strauß, der zum jüdischen Laubhüttenfest *Sukkot* gebunden wird. *Citrus medica sacrodactylis* wird in China auch **Hand des Buddha** genannt, weil die Früchte eine Zeichnung tragen, die an zum Gebet gefaltete Hände erinnert. In der japanischen Mythologie gilt die Frucht neben dem **Granatapfel** und dem **Pfirsich** als eine der drei Glück bringenden Früchte.

CITRUS SINENSIS ***Orange***
Familie: *Rutaceae*
Herkunft: *viele Kultursorten der Pomeranze*
Höhe: *12 Meter*
Blütezeit: *Frühling bis Herbst*
Eigenschaften: *krampflösend, appetitanregend, tonisierend, harntreibend, abführend, hilfreich bei Vitamin-C-Mangelerscheinungen*

Die **Orange** ist die bekannteste Zitrusfrucht. Durch intensive züchterische Bemühungen sind aus ihrer Ahnin, der **Pomeranze**, zahllose leicht unterschiedliche Sorten hervorgegangen. Die Araber brachten die Pflanze nach Spanien. Von dort aus gelangte sie nach Frankreich. Unter ***Franz I.*** entstand die erste Zuchtform, ***Ludwig XIV.*** entwickelte ihre Kultur weiter und ließ die berühmten Orangerien in Versailles errichten. Heute werden **Orangen** in vielen subtropischen Ländern angebaut.

Orangen unterteilt man in drei Gruppen: die besonders früh reifenden **Navel-Orangen**, die hellfleischigen **Orangen**, zu denen auch die **Jaffa-** und die späten **Valencia-Orangen** gehören, sowie die **Blutorangen**, die von Januar bis März geerntet werden. Ein **Orangenbaum** hat eine Lebenserwartung von 300 bis 400 Jahren. Er hat eine elegante, rundliche Statur und trägt immergrüne, längliche Blätter mit gezahnten Rändern. Die weißen Blüten haben einen sehr angenehmen Duft. Sie sind besetzt von kleinen Drüsen, die ein ätherisches Öl enthalten, das als Neroli bezeichnet wird.

Die meist rundlichen Früchte sind im Inneren in etwa zehn Segmente unterteilt, die das saftreiche Fruchtfleisch enthalten. Die Schale besteht aus zwei Schichten. Die äußere Schicht enthält ein brennbares, schnell flüchtiges Öl und ist bei reifen Früchten je nach Sorte orange, rötlich-orange oder auch grün. Die innere Schalenschicht ist weiß und hat eine zäh-watteartige Konsistenz. **Orangen** sind relativ pflege-

Die Orange

Grundsätzlich isst man Orangen roh als Dessert oder presst den Saft aus. Sie werden aber auch für gekochte Gerichte verwendet, beispielsweise den Klassiker Ente à l'Orange. Aus den ganzen Früchten bereitet man Marmelade, Kuchen und Sorbets zu. Die kandierte Schale wird als Dekoration und Backzutat genutzt. Besonders reizvoll ist die Kombination von kandierter Orangenschale mit Schokolade.

leicht. Sie brauchen ein warmes Klima und gedeihen in fast jedem Boden, solange er nicht zu lehmig ist.

Die **Orange** besteht zu 85 Prozent aus Wasser und ist darum sehr kalorienarm. Sie enthält jedoch viel Vitamin C und auch andere Vitamine, beispielsweise A, einige aus der B-Gruppe, außerdem Mineralien – vor allem Kalzium – und Zuckerstoffe. In der Pharmazie setzt man die Blätter der **Orange** wegen ihrer tonisierenden und krampflösenden Eigenschaften ein. Aus den Blüten wird das Neroli-Öl destilliert, das in der Kosmetik- und Parfümindustrie eine wichtige Rolle spielt, beispielsweise für Eaux de Toilette, Seifen und Badezusätze. Das harte und kompakte Holz wird in der Tischlerei geschätzt. In der Sprache der Blumen steht die **Orangenblüte** für die **Jungfräulichkeit** und ist darum ein traditioneller Bestandteil von Brautsträußen.

Cleome hassleriana — ***Cleome***
Familie: *Capparaceae*
Herkunft: *alle tropischen Regionen*
Höhe: *1,20 Meter*
Blütezeit: *Spätfrühling bis Hochsommer*
Eigenschaften: *appetitanregend, belebend, tonisierend, lindernd bei Wurmbefall*

In den warmen Gebieten der Erde findet man mehr als 200 verschiedene **Cleome-Arten**. Die Pflanze ist mit dem **Kapernstrauch** verwandt und besitzt medizinische Eigenschaften. Die einjährige Pflanze sieht etwas schmierig aus. Die wechselständigen Blätter sind zugespitzt und bestehen aus drei bis sieben Einzelblättchen, deren Stielansatz mit Borsten besetzt ist. Die Blüten stehen einzeln oder in endständigen Trauben, haben einen intensiven Duft, eine tiefrosa bis weißliche Färbung und sehr auffällige Staubgefäße. Die Früchte sind schotenförmige Kapseln, die zahlreiche Samen enthalten. Ähnlich den **Kapern** erntet man auch die Blütenknospen dieser Pflanze, wenn sie etwa erbsengroß sind. Sie werden verlesen und müssen dann einen Tag anwelken, ehe man sie in Salzlake, Essig oder Öl einlegt.

Die **Cleome** enthält ätherische Öle, Mineralsalze, Flavonoide und Vitamine. Sie gilt als Mittel zur Appetitanregung, erleichtert die Verdauung und bekämpft Darmparasiten. Die eingelegten Knospen gibt man als Würze an helle Soßen und Vinaigrette, aber auch an Füllungen und Kräuterbutter. Daneben verwendet man sie als Dekoration für Vorspeisen und Salate. Wegen der dekorativen, nektarreichen Blüten ist die **Cleome** auch als Gartenpflanze beliebt.

Eine Orangerie

Coffea arabica — ***Kaffee***
Familie: *Rutaceae*
Herkunft: *vermutlich Hochebenen Äthiopiens*
Höhe: *10 Meter, in Kultur 5 Meter*
Blütezeit: *nach der Regenzeit*
Eigenschaften: *aromatisch, harntreibend, anregend, tonisierend*

Aus den Samen dieser Pflanze wird das weltweit beliebteste aromatische Getränk aufgebrüht. Man vermutet, dass der **Kaffeestrauch** bereits im 15. Jh. in den Bergregionen des Jemen und der arabischen Länder angebaut wurde. Über die Entdeckung der anregenden Wirkung des **Kaffees** kursieren verschiedene Geschichten, in fast allen spielt aber ein arabischer Hirte eine Rolle. Dieser soll beobachtet haben, dass seine Ziegen außerordentlich lebhaft waren, nachdem sie die Blätter und Samen des **Kaffeestrauchs** gefressen hatten. Vermutlich haben zuerst die Araber das Getränk hergestellt, das sich vom 15. Jh. an im ganzen Orient ausgebreitet hat, ehe es erst zwei Jahrhunderte später auch Europa eroberte. 1615 ist es zum ersten Mal in Venedig dokumentiert, 1654 in Marseille. Der Reisende ***Thévenot*** führte es 1657 in Paris ein, in Mode kam es aber erst 1669 durch den osmanischen Botschafter ***Soliman-Aga***.

Die Holländer waren die ersten Europäer, die gegen Ende des 17. Jh. den **Kaffeestrauch** auf Java kultivierten. 1714 wurde eine Pflanze im Pariser Jardin des Plantes eingesetzt, 1720 traf eine weitere in Martinique ein. Bald weitete sich der Anbau auf die ganzen Antillen aus, 1727 auch bis nach Brasilien, Jamaika und Kuba. Lange Zeit war Frankreich der erste ernst zu nehmende Kaffeeproduzent der Welt.

Der **Kaffeestrauch** wird beschnitten, damit man ihn leichter abernten kann. Er hat länglich zugespitzte Blätter mit leicht gewellten Rändern von leuchtend grüner Farbe und sehr ledriger Textur. Die weißen Blüten stehen in Gruppen an den Zweigen und haben einen angenehmen Duft. Die Früchte sind zinnoberrot. Sie haben die Form fleischiger Beeren und enthalten zwei einander gegenüberliegende abgeflachte Samen, die **Kaffeebohnen**. Der empfindliche Halbstrauch verlangt ein warmes Klima. Er fruchtet frühestens nach fünf Jahren, seine Lebensdauer variiert zwischen 60 und 100 Jahren. Es gibt etwa 60 verschiedene **Kaffeearten**, die je nach Produktionsort ganz unterschiedliche Qualitäten liefern. Die Samen enthalten 1,5 bis 2,5 Prozent des Alkaloids Koffein, außerdem Chlorogensäure, Tannin sowie ein bitter-aromatisches Öl mit anregenden Eigenschaften. Außerdem regen sie den Kreislauf und die Verdauung an und wurden früher auch als Gegenmittel bei übermäßigem Opiumgenuss verabreicht.

Der Kaffeestrauch

Die reifen Früchte werden geerntet, dann entnimmt man ihnen die Kerne und legt sie zum Trocknen aus. Anschließend werden sie geröstet, wobei sie ihre braune Farbe und ihr Aroma entwickeln. Kaffee ist bis heute eines der beliebtesten Getränke der Welt. Er wird auf vielerlei Art zubereitet – als Cappuccino, Eiskaffee, Milchkaffee, Espresso usw. Weiterhin verwendet man Kaffeearoma in der Konditorei für Cremes und auch für Eiscreme. Übermäßiger Genuss kann Schlafstörungen nach sich ziehen und schadet dem Herzen.

Cola accuminata — ***Cola***

Familie: *Sterculiaceae*
Herkunft: *tropisches Afrika*
Höhe: *10 bis 20 Meter*
Blütezeit: *Frühsommer*
Eigenschaften: *bitter, adstringierend, anregend*

Der **Colabaum** wächst wild in tropischen Regionen. Er trägt ganzrandige, ovale Blätter und bildet zwittrige oder nur männliche Blüten in Cremeweiß, die in lockeren Gruppen an den älteren Trieben stehen. Aus den Blüten entwickeln sich die Früchte, **Colanüsse** genannt. Sie haben etwa die Größe von **Kastanien**, ihre Farbe kann von Gelb über Rot bis Braun variieren. Ihr Geschmack ist bitter.

Neben Bitterstoffen, Zucker, Lipiden und Proteinen enthalten die **Colanüsse** Alkaloide (Koffein und Theobromin), denen sie ihre anregende Wirkung auf Muskulatur und Nervensystem verdanken. Sie werden zum Würzen von süßem Gebäck verwendet, hauptsächlich verdanken sie ihre Bekanntheit aber der Coca-Cola, die im vorigen Jahrhundert von einem amerikanischen Apotheker erfunden wurde.

Coriandrum sativum — ***Koriander***

Familie: *Umbelliferae*
Herkunft: *Kleinasien*
Höhe: *60 Zentimeter*
Blütezeit: *Sommer*
Eigenschaften: *antiseptisch, krampflösend, anregend, stärkend, carminativ, verdauungsfördernd*

Der **Koriander** wird zwar in der westlichen Küche eher selten verwendet, ist aber das meistkultivierte Gewürz der Welt. Die Pflanze wird in der Bibel als bitteres **Osterkraut** erwähnt, und **Koriandersamen** hat man auch in den Gräbern der Pharaonen gefunden. Die Römer haben den **Koriander** in ganz Europa verbreitet. Im Mittelalter verwendete man ihn zum Vertreiben von Flöhen.

Die einjährige Pflanze hat eine Pfahlwurzel und stark verzweigte Triebe, die mit fein geschnittenen Blättchen besetzt sind. Die kleinen, weißen oder rosafarbenen Blüten stehen in schirmförmigen Blütenständen. Aus ihnen entwickeln sich rot-bräunliche Samen. Man verwendet die Blätter, die nach **Anis** schmecken, und die Samen, deren Geschmack an **Orangenschale** erinnert. In Asien isst man auch die Wurzel als Gemüse. **Koriander** wird im Frühling in durchlässigen Boden in sonniger Lage gesetzt. Er wächst schnell, und man kann die Blätter während der ganzen Saison frisch ernten.

Koriander ist eine ausgezeichnete Heilpflanze. Er regt den Appetit an und wirkt lindernd bei Blähungen, Müdigkeit, Krämpfen und Arteriosklerose. Außerdem gilt er als Stärkungsmittel. Er besitzt antiseptische Eigenschaften, erleichtert die Verdauung und ist Bestandteil des berühmten Melissengeistes. Die frische Pflanze enthält viel Vitamin A. Die Samen enthalten ein ätherisches Öl, Tannin, Proteine, Zucker und Vitamin C. Man destilliert daraus eine Essenz mit pharmazeutischem Nutzen. Ein Aufguss aus den zerdrückten Samen erleichtert die Verdauung.

Die Samen des **Korianders** werden als Gewürz verwendet, man gibt aber auch die Blätter an Salate, Suppen und Ragouts. Sie würzen Gemüse, Lammfleisch, Huhn, Fleischklößchen, Soßen, Fisch und Meeresfrüchte. Frischen **Koriander** sollte man nicht mitkochen, weil sein Aroma leicht verfliegt. Er hält sich nur wenige Tage nach dem Schnitt, kann aber eingefroren werden. Die getrockneten Samen werden ganz oder pulverisiert angeboten. Sie sind Bestandteil vieler Gewürzmischungen, zu denen beispielsweise Currypulver, indisches Garam massala und das Ras-el-hanout aus Nordafrika zählen. Sie aromatisieren Marinaden für Fleisch und Fisch, Brühen, Gemüsegerichte, gegartes Obst sowie in

Essig eingelegte Gurken, Chutneys und Pickles. Die ganzen und gemahlenen Samen spielen in der griechischen Küche und in süß-sauren Rezepten eine wichtige Rolle, werden aber auch zum Aromatisieren von Alkoholika, süßem Gebäck und Lebkuchen verwendet. Geröstet, gemahlen und mit **Kreuzkümmel** vermischt ergeben sie eine aromatische Mischung, die im Mittleren Osten beliebt ist. Das ätherische Öl des **Koriander** wird zur Herstellung von Seife und Parfüms verwendet.

CORNUS MAS — ***Kornelkirsche***
Familie: *Cornaceae*
Herkunft: *Kaukasus, Türkei, warme Regionen Mitteleuropas*
Höhe: *3 bis 7 Meter*
Blütezeit: *im Frühling, noch vor den Blättern*
Eigenschaften: *krampflösend, blutreinigend, tonisierend, lindernd bei Durchfall*

Sumach nennt man das Pulver, das man aus den gemahlenen **Kornelkirschen** gewinnt. Dieser Halbstrauch bevorzugt trockene und kalkhaltige Böden, man findet ihn auf Brachland, auf Waldlichtungen und Felsvorsprüngen. Es ist eine sehr robuste Pflanze mit ganzrandigen, paarweise angeordneten Blättern von elliptischer Form mit auffälligen Blattadern. Seine hübschen, kleinen Blüten sind gelb und zwittrig. Sie erscheinen in kleinen Gruppen, noch bevor die Blätter austreiben. Weil sie in der Blüte so dekorativ aussieht, ist die **Kornelkirsche** auch als Gartenpflanze sehr beliebt. Zudem ist sie ausgesprochen frostresistent. Die schmackhaften Früchte sind rot und oval. Sie haben ein gelbliches Fruchtfleisch, einen ovalen Kern und einen herb-säuerlichen Geschmack.

Man erntet die Früchte im August und September, wenn sie reif, aber noch fest sind. Man kann sie frisch verzehren oder in der Sonne trocknen, um **Sumach** zu gewinnen. Das Fruchtfleisch enthält viel Vitamin C, Apfelsäure, Zuckerstoffe, Rutin und verschiedene Mineralien. Ein Aufguss aus **Kornelkirsche** gilt als Stärkungsmittel in der Rekonvaleszenz. Der Saft lindert Verdauungsbeschwerden und Durchfall bei Kindern. Die Kerne enthalten ein Öl, das man ebenfalls bei Magenbeschwerden und Durchfall verabreicht. Aus der Rinde der **Kornelkirsche** stellte man früher einen Farbstoff her, mit dem Wolle, Seide und Baumwolle gelb gefärbt wurden.

Die Kornelkirsche

Die Früchte der Kornelkirsche kann man frisch als Kompott, als Beilage zu Wild oder als Konfitüre verzehren. Man bereitet daraus auch Wein, Sirup und Liköre zu. Um das Gewürz Sumach herzustellen, trocknet man die Früchte und zerreibt sie dann zu Pulver. Dieses bewahrt man in einem luftdicht schließenden Gefäß an einem dunklen Ort auf. Sein mild säuerlicher Geschmack passt gut zu Suppen, Ragouts, Soßen, einigen Fischarten, Grillgerichten, Salaten, Apfelmus und anderen Süßspeisen.

CROCUS SATIVUS — ***Safran***
Familie: *Iridaceae*
Herkunft: *vermutlich der heutige Irak*
Höhe: *10 Zentimeter*
Blütezeit: *Herbst*
Eigenschaften: *krampflösend, beruhigend, schlafaufördernd, anregend, tonisierend bei Menstruationsbeschwerden*

Das mehrjährige, einkeimblättrige Zwiebelgewächs, häufig auch **Herbstkrokus** genannt, kommt wild hauptsächlich auf Bergwiesen vor. Die Pflanze wird aus wirtschaftlichen Gründen in Südeuropa (Spanien, Italien und Griechenland) kultiviert, das Haupterzeugerland sind aber die Vereinigten Arabischen Emirate.

Die Pflanze kam während der Kreuzzüge nach Europa, und bis zum 20. Jh. war Frankreich ein wichtiges Erzeugerland. Angeblich sollen der Adlige ***La Rochefoucauld*** und der Ritter ***D'Argence*** die Zwiebeln in einem hohlen Schilfrohr ins Land gebracht haben. Im 16. Jh. erntete man im Angoumois beträchtliche Mengen **Safran**, hochwertiger war aber der aus Balzac, Champniers, Salles und Bayers. Um 1650 erreichte der Anbau in Champniers seine Blüte, wo man zu diesem Zweck eigens eine Halle baute. Bis 1880 sank der Anbau zugunsten des Weins. Diese Entwicklung setzte sich bis 1918 fort. Heute kultiviert man den **Safran** noch im Gâtinais. Neue Versuche werden bei Coutras in der Gironde und bei Fontenay-sur-Dive in der Charente unternommen, wo man die **Safranzwiebeln** in ein **Trüffelfeld** gesetzt hat. Hier will man versuchen, zwei Kostbarkeiten auf einer begrenzten Fläche mit einem Maximum an Rentabilität anzubauen. Weil **Safran** eine Renaissance erlebt, werden seit 1987 die Anbaugebiete im Loiret, im Gâtinais und in der Gironde wieder kultiviert.

Safran besteht aus einer Zwiebel, die von einer faserigen Membran umgeben ist. Er hat schlanke, gerade Blätter, die zur gleichen Zeit wie die Blüten erscheinen. Die relativ großen Blüten haben eine aufrechte Glockenform und sind zart violett. Sie öffnen sich nachts und schließen sich am Tage. Sie haben leuchtend orangerote Staubfäden, die sich im oberen Bereich dreiteilen und einen Farbstoff enthalten. Sie sind es, die man trocknet und als Gewürz verwendet. Bei der **Safranernte** werden die Staubfäden einzeln von Hand aus den Blüten gepflückt. Um gut zu gedeihen, braucht **Safran** einen sandigen Boden und einen vollsonnigen Standort.

Safran wird auf großen Flächen angebaut. Sein extrem hoher Preis erklärt sich dadurch, dass man, um ein

Gramm **Safran** zu gewinnen, etwa 140 bis 160 Blüten beernten muss. Mit anderen Worten, ein Kilogramm Staubfäden entspricht der Ausbeute von 140.000 bis 160.000 Blüten. Angesichts dieses Preises werden in vielen Ländern andere färbende Gewürze verwendet, beispielsweise **Kurkuma** in Indien, Sri Lanka und China. In Europa weicht man gelegentlich auf **Ringelblumen** oder **Färberdistelblüten** aus.

Eine Pflanze, die dem **Safran** ähnelt und ebenfalls im Herbst blüht, ist die **Herbstzeitlose**, die gelegentlich auch **Wiesensafran** genannt wird. Sie hat eine ähnliche Form, aber hellere, eher rosafarbene Blüten. Sie gehört ebenfalls zur Familie der Liliengewächse und ist hochgiftig. In der *Bibel* wird sie im Hohelied mit dem Karkom gleich gesetzt. In der griechisch-römischen Mythologie ist ***Crocos*** ein schöner Jüngling, aber zugleich ein Wüstling, der es wagt, die Nymphe ***Smilax*** zu belästigen. Zur Strafe für seine Unverschämtheit wurde er in die Pflanze **Safran** verwandelt.

Safran galt lange Zeit als Aphrodisiakum. Die Ägypter brachten es nach Mesopotamien. ***Plinius der Ältere*** notierte, dass nichts öfter verschnitten wurde als dieses Gewürz. Allerdings wurden die Panscher schwer bestraft, zumeist sogar hingerichtet. Die Phönizier und später die Römer führten den **Safran** in Europa ein. Es heißt, dass *Nero* bei seiner Thronbesteigung die Straßen Roms mit **Safran** bestreuen ließ.

Bei den Römern galt das Gewürz als Mittel gegen Schwindel und Husten. Im Mittelalter verwendete man es, um die Wehen zu erleichtern. Während dieser Epoche wurde der **Safran** auch zum Symbol des Herzens. In der Renaissance versuchte man, ihn auch zur Bekämpfung der Pest einzusetzen. Daran liegt es vermutlich, dass während dieser Zeit der Anbau wieder zunahm, wenngleich man das Gewürz auch aus kulinarischen Gründen schätzte.

In Frankreich waren die Anbaugebiete auf bestimmte Regionen konzentriert: um Albi und Angoulème, im Gâtinais – mit der Stadt Boysne, die seinerzeit die Welthauptstadt des **Safrans** war – und in der Region um Pacy-sur-Eure in der Normandie. Als später preiswertere Ersatzstoffe auf den Markt kamen, sank die Nachfrage. Wiederholte starke Fröste in den Vorkriegsjahren waren Ursache dafür, dass die Pflanzen in den wichtigsten Anbaugebieten in den frühen 1940er-Jahren ganz verschwanden.

Safran hat viele medizinische Eigenschaften. Er erleichtert das Einschlafen, lindert Blähungen und Menstruationsbeschwerden. Seine Staubgefäße enthalten ein flüchtiges ätherisches Öl, das ein bitteres Heterosid enthält und reich an Vitamin B_2 ist. Es ist für den typischen Geruch des **Safrans** verantwortlich. Die Pflanze enthält außerdem das pflanzliche Hormon Phytosterol sowie Alkaloide (Sagranin und Crocin).

Wegen des intensiven gelb-orangefarbenen Pigmentes ist die Pflanze auch als Farbstoff für verschiedene Liköre wie Chartreuse im Einsatz, aber auch als Textilfarbstoff. Es ist dieses Pigment, das den Gewändern der buddhistischen Mönche in Tibet ihren charakteristischen Farbton gibt. Wegen seines würzigen Duftes wird **Safran** auch in der Parfümerie eingesetzt. Im Garten sieht er sehr dekorativ aus, vor allem, wenn er in großen Gruppen gepflanzt wird.

CUMINUM CYMINUM — ***Kreuzkümmel***
Familie: *Umbelliferae*
Herkunft: *Mittelmeerraum, Kleinasien*
Höhe: *25 cm*
Blütezeit: *Frühling*
Eigenschaften: *appetitanregend, schweißtreibend, verdauungsfördernd, milchbildend*

Diese alte Gewürzpflanze aus Kleinasien wurde von den Chinesen, den Indonesiern und später von den Indern übernommen. **Kreuzkümmel** spielte in der Heilkunst und der Küche eine wichtige Rolle. Die Römer nahmen ihn nach allzu üppigen Banketten ein. Im Mittelalter war er wegen seiner Heilwirkung beliebt, und man schrieb ihm auch magische Eigenschaften zu. So hieß es, er vertreibe Hexen und übles Schicksal. Häufig wird er durch **Kümmel** ersetzt, dessen Früchte ähnlich aussehen. **Kreuzkümmel** ist aber in Geruch und Geschmack wesentlich kräftiger.

Die einjährige Pflanze wird in verschiedenen Ländern kultiviert. Sie hat tief eingeschnittene Blätter und kleine rosafarbene oder weiße Blüten, die in schirmförmigen Blütenständen stehen. Aus ihnen entwickeln sich kleine, längliche Samen, die heller als die des **Kümmels** sind.

Kreuzkümmel gedeiht in durchschnittlichem, leicht feuchtem Boden in sonniger Lage. Vier Monate nach der Aussaat kann man die Samen ernten, wenn sie sich gelb färben. Sie werden dann in der Sonne getrocknet. Im Iran wächst eine mildere Art mit kleineren, schwarzen Samen. **Kreuzkümmel** hat ein intensiv würziges, süßliches Aroma mit einem bitteren Beigeschmack.

Geröstet verlieren die Samen ihre Schärfe und entwickeln ein nussiges Aroma. Mischt man sie mit **Koriander**, wird auch die bittere Note gemildert. **Kreuzkümmelsamen** verwendet man ganz oder gemahlen. Vor allem in Pulver-

Der Safran

Ob als Pulver oder in Form der getrockneten Staubfäden, Safran ist in der Küche sehr begehrt. Aus Valencia in Spanien stammt eine der besten Sorten. Man verwendet Safran zu Reis und Risotto, Paella, Bouillabaisse, Meeresfrüchten, Tomatengerichten, Fischsuppen, Rühreiern, hellem Fleisch und gegrilltem Fisch. Außerdem würzt er die provenzalische Rouille und das Picalilly, eine Würzbeilage, die in England sehr beliebt ist. In Schweden verwendet man Safran für Weihnachtsgebäck.

form kommt ihre herbe Schärfe gut zum Ausdruck. Man verwahrt **Kreuzkümmel** in einem luftdicht schließenden Gefäß an einem dunklen Ort.

Kreuzkümmel wird in Indien gegen Verdauungsstörungen und Bauchschmerzen verabreicht. Er wirkt auch gegen Blähungen und Koliken, regt den Appetit an und beruhigt den Magen. Zudem ist er schweißtreibend.

CURCUMA DOMESTICA	***Kurkuma***
Familie: *Zingiberaceae*	
Herkunft: *Südindien, Malaysia und Java*	
Höhe: *90 Zentimeter*	
Blütezeit: *Frühsommer*	
Eigenschaften: *bakterizid, anregend für die Tätigkeit von Magen, Galle und Verdauungstrakt*	

Kurkuma ist, wie der **Ingwer**, eine tropische Pflanze. Von beiden verwendet man die fleischige Wurzel. **Kurkuma** ist gleichermaßen eine Gewürz- und Färberpflanze, darum wird sie manchmal auch als **Indischer Safran** bezeichnet.

Es ist eine sehr alte Pflanze, die seit mindestens 2.000 Jahren in Indien, China und im Mittleren Osten kultiviert wird. In alten Rezepten aus assyrischer Zeit (600 v. Chr.) wird die **Kurkuma** als Färbemittel erwähnt. Um 1450 war sie Bestandteil einer Liste von Zubereitungen, die unter dem Namen *temoe lawacq* in Frankfurt verkauft wurden.

Kurkuma ist in Indien weit verbreitet und wird von den Hindus geschätzt, die sie mit der Fruchtbarkeit in Zusammenhang bringen und ihr magische Kräfte zuschreiben. Heute wird sie in allen tropischen Regionen der Welt angebaut.

Es ist eine mehrjährige Pflanze mit üppigen, länglichen Blättern, über denen sich ein hoher Stiel mit gelben Blüten erhebt, die an Lilien oder Calla erinnern. Die Wurzel ist ein langes, abgeflachtes Rhizom mit vielen Vorsprüngen, die nach unten Haarwurzeln und nach oben hin neue Triebe bilden. Das Rhizom hat einen pfeffrigen Duft und einen scharfen, leicht herben Geschmack.

Kurkuma gedeiht in tiefgründiger Erde in vollsonniger Lage. Um eine neue Pflanze zu ziehen, setzt man ein Stück des Rhizoms mit einer Triebknospe 10 Zentimeter tief ein. Neun Monate später kann man ernten.

Nach dem Ausgraben werden die Rhizome gekocht, damit man die Haut abziehen kann. Nach dieser Prozedur legt man die Rhizome eine Woche lang zum Trocknen in die Sonne.

Meist findet man **Kurkuma** als gelblich-orangefarbenes Pulver. In asiatischen Lebensmittelgeschäften wird jedoch manchmal auch die frische Wurzel angeboten.

Kurkuma wirkt lindernd bei Leberleiden, bekämpft Bakterien, fördert die Gallentätigkeit und wirkt lindernd bei Magengeschwüren.

Der Kreuzkümmel

In Deutschland gibt man Kreuzkümmel an Brotteige, aber auch an Sauerkraut, Essigkonserven, Würste und zu Munsterkäse. Gouda mit Kreuzkümmel ist eine holländische Spezialität. Man benutzt das Gewürz auch zu Reis und Hülsenfrüchten. In Mexiko verwendet man es zu Chili con carne, in Marokko zu Suppen und Lammfleisch. Wegen seines ausgeprägten Geschmacks sollte man es sparsam dosieren. Kreuzkümmel wird häufig mit der indischen, arabischen, türkischen und mexikanischen Küche in Verbindung gebracht. Er ist Bestandteil von Currymischungen und des Garam Massala.

CURCUMA ZEDOARI **Safranwurz**
Familie: *Zingiberaceae*
Herkunft: *China und Indien*
Höhe: *1 Meter*
Blütezeit: *Sommer*
Eigenschaften: *appetitanregend, tonisierend, bakterizid, anregend für Galle und Verdauung*

Diese Verwandte der **Kurkuma** ist ein asiatisches Gewürz, das oft mit dem **Galgant** verwechselt wird. Es kam mit den Arabern nach Europa, wurde aber kaum angenommen. Heute wird es fast ausschließlich in den Erzeugerländern verwendet.

Die mehrjährige Pflanze hat ein aromatisches, fleischiges Rhizom und große, ausladende Blätter. Die gelben Blüten stehen über roten und grünen Brakteen. Der Kelch besteht aus drei miteinander verwachsenen äußeren Blättern, darüber erheben sich die drei separaten Kronblätter. Der Geschmack ist herb, aber weniger scharf als der des **Ingwers**, der Geruch erinnert entfernt an **Kampfer**. Die krautige Pflanze gedeiht im nahrhaften Boden der tropischen Regenwälder. Man vermehrt sie durch Teilung der Rhizome. Vom zweiten Jahr an kann man die Rhizome ernten und in der Sonne trocknen. Die getrockneten Wurzeln werden im Ganzen, gewürfelt oder pulverisiert angeboten.

Safranwurz enthält ein ätherisches Öl und Substanzen, die den Appetit anregen und die Rekonvaleszenz beschleunigen. Außerdem fördert es die Gallentätigkeit und gilt bei Infektionen als wirksames Bakterizid. Weil es eine leicht verdauliche Stärke enthält, kann man es auch Kranken und kleinen Kindern geben. Zusammen mit **Kurkuma** oder **Ingwer** bereitet man daraus duftende Gewürzpasten für helles Fleisch, Geflügel und Fisch zu. Das Pulver würzt auch Ragouts, Füllungen, Mehl- und Süßspeisen. Mit dem natürlichen Pigment kann man Seide färben.

***DRIMYS LANCEOLATA, D. WINTERY* Bergpfeffer**
Familie: *Winteraceae*
Herkunft: *Südamerika, Australien, Südostasien, Madagaskar*
Höhe: *6 bis 15 Meter*
Blütezeit: *Frühling bis Sommer*
Eigenschaften: *anregend, schweißtreibend, tonisierend, magenstärkend, hilfreich bei Vitamin-C-Mangelerscheinungen*

Es gibt fünf Typen des **Bergpfeffers**, die insgesamt 60 Arten von Bäumen und Sträuchern umfassen. Man hat sie lange den **Magnolien** zugeordnet, sie stehen jedoch den *Cinnamomum-Arten* wegen ihrer aromatischen Rinde, der immergrünen Blätter und des natürlichen Vorkommens näher.

Die aufrechten Bäume mit konischem Wuchs haben eine graubraune, glatte Rinde, die sehr aromatisch ist. Die ledrigen, wechselständigen Blätter sind gefiedert und ganzrandig. Sie haben eine länglich-elliptische Form, werden etwa 20 Zentimeter lang und sechs Zentimeter breit. Ihre Oberseite ist dunkelgrün, die Unterseite schimmert bläulich. Zerreibt man die Blätter, geben sie einen aromatischen Duft frei. Die weißlichen, duftenden Blüten sind gestielt und erscheinen in großen Gruppen. Die lang gestielten, kleinen grünen Beeren verfärben sich in der Vollreife braun bis schwärzlich-violett.

In der Heilkunde nutzt man die aromatische Rinde des Baumes, die herb schmeckt und neben viel Vitamin C ein ätherisches Öl, Tannine und Alkaloide enthält. Die begehrteste Art ist *Drimys wintery*, von der die so genannte **Winterrinde** stammt. Sie wurde 1577 zum ersten Mal von Kapitän ***William Winter*** eingesetzt, einem Begleiter von ***Sir Francis***

Die Kurkuma

Kurkumapulver wird zum Würzen von Konserven, Reis, Gemüse und zahlreichen afrikanischen und asiatischen Gerichten verwendet. Es ist auch im Currypulver enthalten und wird unter der Bezeichnung E 100 zum Einfärben von gewürztem Senf, Butter, einigen Käsesorten und Likören verwendet. Kurkuma findet auch in der Kosmetik Einsatz und dient in der Textilbearbeitung als sanftgelbes Färbemittel. Die frischen Rhizome sollte man immer mit Handschuhen verarbeiten, weil sie auf den Händen eine mehrere Tage anhaltende Gelbfärbung hinterlassen.

Drake, der mit ihrer Hilfe seine gesamte, an Skorbut erkrankte Mannschaft heilte. Die Art *Drimys lanceolata* trägt Früchte, die nach der Trocknung und Zerkleinerung wie **Pfeffer** verwendet werden. Das Gewürz hat einen leicht herben und pikanten Geschmack und passt zu Fleisch, Soßen, Gemüse und Ragouts. Aus Mexiko stammt die Art *Drimys mexicana*, die in ihren Eigenschaften der *Drimys wintery* gleicht.

ELETTARIA CARDAMOMUM **Kardamom**
Familie: *Zingiberaceae*
Herkunft: *Indien, Sri Lanka*
Höhe: *mehrere Meter*
Blütezeit: *ganzjährig*
Eigenschaften: *antiseptisch, carminativ, anregend für Magen und Verdauung*

Der **Kardamom** ist eine krautige Staude, die einem hohen Rosenstrauch ähnelt, aber ein unterirdisches Rhizom besitzt. Wild wächst er in verschiedenen Waldgebieten Südindiens, wird aber auch kultiviert. Die lanzettlichen, sehr auffälligen Blätter können bis zu drei Meter lang werden. Während des ganzen Jahres erscheinen grünlich-weiße Blüten mit blauem Schlund. Die Früchte sind ovale Kapseln von etwa einem Zentimeter Länge mit drei Segmenten, die kleine braune, sehr aromatische Samen enthalten. Als Gewürz verwendet man die reifen, getrockneten Früchte und die Samen. Erst im 19. Jh. vermehrte man die Pflanze erstmals aus Samen, die Jungpflanzen waren jedoch steril. Heute wird **Kardamom** in vielen tropischen Ländern angebaut. Die Pflanze kann durch Rhizomstecklinge vermehrt werden, es dauert aber drei Jahre bis zur ersten Ernte, die von Hand vorgenommen wird. Die Haupterzeugerländer sind Indien, Kambodscha und Sri Lanka.

Kardamom wird schon seit langer Zeit in Indien hoch geschätzt. Die Ägypter handelten mit dem Gewürz und verwendeten es selbst gegen Mundgeruch. In Griechenland gebrauchte man es für Parfüms, in Rom als Digestif.

Man unterscheidet verschiedene Arten. Der **Malabar-Kardamom** (*Elettaria cardamomum minuscula* oder *minor*) ist die kleinste und verbreitetste Art und duftet nach **Zitrone** und **Eukalyptus**. Der **Ceylon-Kardamom** (*Elettaria cardamomum major*) wird auch **Brauner Kardamom** genannt und ist die größte Art mit intensivem **Kampferaroma**. Er wächst wild auf Sri Lanka.

Die **Kardamomsamen** enthalten Cellulose, Amidon, Proteine und ätherische Öle, die in der Parfümerie Einsatz finden.

Als Heilmittel setzt man ihn gegen Blähungen, Magenbeschwerden und Verdauungsstörungen ein. Er ist außerdem ein sehr gutes Antiseptikum.

Der Kardamom

Es gibt Kardamomkapseln in verschiedenen Qualitäten. Grüner Kardamom duftet am intensivsten und wird bevorzugt verwendet. Weißer Kardamom ist letztlich Grüner, der chemisch gebleicht wird, wobei er an Qualität einbüßt. Brauner Kardamom hat einen ausgeprägten Kampfergeschmack. Das Gewürz wird auch als Pulver verkauft, verliert in dieser Form aber schnell sein Aroma. Kardamom ist Bestandteil von Currymischungen und wird für Lebkuchen verwendet. In der indischen Küche ist er sehr beliebt. In den Emiraten und im Mittleren Osten gilt er als Zeichen des Wohlstands und wird als Würze für Tee benutzt. In Skandinavien gibt man ihn an Brot- und Kuchenteige. In Nordafrika dient er als Aromastoff für Tee und wird gegen Mundgeruch gekaut. In Europa wird Kardamom für Tee, Eis, Pudding, Kuchen, Kompott und Salate verwendet. Er passt auch zu Sauerkonserven, Heringen und würzt den Aquavit.

EUCALYPTUS GLOBULUS — **Eukalyptus**

Familie: *Myrtaceae*

Herkunft: *Tasmanien*

Höhe: *35 Meter und mehr*

Blütezeit: *Mai bis Juli*

Eigenschaften: *antiseptisch, appetitanregend, adstringierend, bakterizid, fiebersenkend, anregend*

Der *Eucalyptus globulus* hat einen sehr ausgeprägt würzigen, balsamischen Geruch und wird in reiner Form nur für Zigaretten und Bonbons verarbeitet. In der Küche greift man lieber auf andere Arten der gleichen Gattung zurück, die ein sanfteres Minzaroma haben. Der tropische Baum hat sich im Lauf der Jahrhunderte im Mittelmeerbecken akklimatisiert.

Es ist ein robuster, schnell wachsender Baum. Der aschgraue Stamm ist gerade, die Rinde sieht durch austretende Tröpfchen eines zähen Saftes wie getupft aus. Das Holz ist rötlich. Die Blätter junger Bäume haben einen silbrigen

Schimmer. Das Laub älterer Bäume ist ledrig und wechselständig, die gestielten Blätter hängen von den Zweigen herab. Die weißlichen Blüten sehen aus wie eine Schale mit einer kleinen Haube. Sie fallen schnell ab und geben die zahlreichen Staubgefäße frei.

Die Früchte sind harte, kantige Kapseln mit bläulichem Schimmer. Sie besitzen vier Kammern, die zahlreiche feine, dunkle Samen enthalten.

Der Duft des **Eukalyptus** ist stark und sehr aromatisch. Der Geschmack ist ebenso intensiv, aber bitter. Die Blätter werden im Sommer geerntet, danach trocknet man sie und lagert sie in dicht schließenden Gläsern.

Zu den wichtigsten Inhaltsstoffen gehören Eugenol, Gerbsäure und Harze. **Eukalyptus** wirkt lindernd bei Asthma und wird bei Erkältungskrankheiten zum Inhalieren empfohlen.

Bei kleinen Verletzungen und Insektenstichen wirken Kompressen mit **Eukalyptus** desinfizierend und lindernd. Das ätherische Öl verflüssigt zähen Schleim und erleichtert das Abhusten. Als Bonbon und Sirup beruhigt **Eukalyptus** bei Halsschmerzen. Wegen seiner Bitterkeit wird der *Eucalyptus globulus* nur relativ selten verwendet, gelegentlich jedoch für zuckerhaltige Pastillen, die angenehm zu lutschen sind. Man bereitet aus ihm auch einen Aperitif.

Sehr sparsam dosiert kann man ihn als Würze an Ragouts oder Wild geben. Besser geeignet sind aber andere Arten mit sanftem Minzaroma, das gut mit verschiedenen Gerichten harmoniert. Als erfrischender Aufguss erleichtert **Eukalyptus** die Verdauung und bekämpft Mundgeruch. In der Pharmazie wird er für Zahncremes, Zäpfchen und Erkältungsgels verwendet. Auch für die Hautpflege spielt er eine Rolle. Die Bäume werden zum Trockenlegen von Sümpfen gepflanzt, und ihr Geruch soll Insekten vertreiben. Die Rinde wird zum Eintönen der Haut verwendet, das harte, unverwüstliche Holz ist in der Tischlerei begehrt.

EUGENIA CARYOPHYLLATA — **Gewürznelke**

Familie: *Myrtaceae*
Herkunft: *vermutlich Molukken*
Höhe: *15 Meter*
Blütezeit: *Sommer*
Eigenschaften: *antiseptisch, krampflösend, beruhigend, wundheilend, anregend*

Die Gewürznelke

Wegen ihres pikant-süßlichen Geschmacks verwendet man ganze und gemahlene Gewürznelken für süße und pikante Gerichte. Mit Gewürznelken gespickte Zwiebeln sind eine traditionelle Würze für Brühen und Schmorgerichte. Man gibt Gewürznelken auch an Soßen, Sauerkraut, Schmorfleisch, Marinaden und Essigkonserven. Sie sind Bestandteil von Gewürzmischungen wie indischem Curry oder chinesischem Fünf-Gewürz-Pulver. Auch für Lebkuchen, Plätzchen und anderes Gebäck werden sie verwendet. Das Pulver gibt man an Apfelkuchen und Fruchtkompott. Außerdem gehören Gewürznelken in einige Gewürzliköre und dürfen im Glühwein nicht fehlen. Selbst indonesische Zigaretten werden mit Gewürznelken parfümiert.

Die Chinesen kennen **Gewürznelken**, die Blütenknospen der *Eugenia*, schon seit langer Zeit. In Europa tauchten sie aber erst im 8. Jh. auf. Der attraktive tropische Baum hat einen pyramidenförmigen Wuchs und ist wegen des Gewürzes, das er liefert, sehr begehrt. Lange Zeit besaßen die Portugiesen ein Kulturmonopol, denn ihnen gehörten die Inseln, auf denen der Baum wuchs. Erst im 18. Jh. gelang es ***Pierre Poivre***, Samen außer Landes zu bringen. Von nun an kultivierten die Holländer und die Franzosen die Pflanze auf der Insel Mauritius. Später wurde sie auch auf Sansibar und in Tansania angepflanzt; sie gedeiht außerdem in Indonesien, Brasilien und Madagaskar.

Wie alle Myrtengewächse hat auch dieser Baum auf seinen Blättern zahlreiche winzige Drüsen, die ein duftendes Öl enthalten. Die leuchtend grünen Blätter haben eine langovale Form, die sich zum Stiel hin verjüngt. Sie haben eine ledrige Textur und sind acht bis zwölf Zentimeter lang. Die Blüten stehen in Cymen an den Spitzen der jungen Triebe. Sie haben einen purpurfarbenen Kelch, zahlreiche gelbe Staubfäden und tragen vier rosafarbene Kronblätter. Die dunkelvioletten Früchte sind längliche Beeren, an denen die Spitzen der Kelchblätter noch zu sehen sind. Sie sind etwa 15 Millimeter lang und bestehen aus einer oder zwei Kammern. Alle Teile des Strauches sind aromatisch, als Gewürz verwendet man jedoch die Blüten, die vor dem Aufblühen geerntet und im Schatten getrocknet werden.

Mindestens drei Mal im Jahr wird geerntet, vor allem auf Sansibar, wo das Gewürz zu den wichtigsten landwirtschaftlichen Produkten zählt. Die **Gewürznelken** enthalten zu 21 Prozent das ätherische Öl Eugenol, außerdem Tannin und Harz. Sie haben einen strengen, durchdringenden Geruch. Durch Destillation der jungen Triebe und der Blätter gewinnt man **Gewürznelkenextrakt**, der Magenbeschwerden und Schmerzen, vor allem Zahnschmerzen, lindert. Als Gurgellösung angewendet wirkt er gegen Halsschmerzen, auf Kompressen wundheilend. **Gewürznelken** sollen auch das Einschlafen erleichtern. In der Pharmazie setzt man die antiseptische Essenz in Zahncremes ein, weil sie nicht nur desinfiziert, sondern auch den Atem erfrischt. In Tunesien wird die **Gewürznelke** zur Herstellung eines natürlichen Deodorants mit mildem Duft verwendet und auch an Hennakonzentrat gegeben.

In der Parfümerie mischt man **Gewürznelkenextrakt** mit **Ylang-Ylang,** und auch zum Beduften von Wäsche und für Potpourris sind **Gewürznelken** beliebt. Ein duftender Raumschmuck ist ein Pomander, eine mit **Gewürznelken** gespickte Orange.

Eugenia uniflora ***Surinamkirsche***
Familie: *Myrtaceae*
Herkunft: *Brasilien und Westindien*
Höhe: *5 bis 7 Meter*
Blütezeit: *Frühling*
Eigenschaften: *anregend, erfrischend*

Die **Surinamkirsche** ist ein immergrüner Baum oder Halbstrauch, der gelegentlich für Heckenpflanzungen verwendet wird. Heute ist er in allen tropischen und subtropischen Regionen verbreitet, wird aber hauptsächlich im tropischen Amerika und in Südostasien kultiviert. Die kleinen Blätter sind oval und in der Jugend weinrot getönt. Mit zunehmendem Alter färben sie sich leuchtend dunkelgrün. Die cremefarbenen Blüten erscheinen einzeln oder in kleinen Gruppen. Aus ihnen entwickeln sich große, runde, kirschartige Früchte mit weichem Fruchtfleisch und einem würzig-säuerlichen Geschmack.

Sie enthalten viele Vitamine und werden roh oder gekocht verzehrt. Man kann sie auch zu Sorbets, Gelees und Getränken verarbeiten. In Südostasien werden die grünen Früchte in Essig eingelegt und als würzige Beilage zu Fleisch und Fisch gereicht. Auch zu Chutney werden sie verarbeitet.

Ferula asa foetida ***Stinkasant, Teufelsdreck***
Familie: *Umbelliferae*
Herkunft: *Iran, Afghanistan, Nordindien*
Höhe: *2 bis 3 Meter*
Blütezeit: *Sommer*
Eigenschaften: *krampflösend, tonisierend, lindernd bei Menstruationsbeschwerden*

Stinkasant nennt man die tropische Pflanze *Ferula asa foetida* mit dem harzigen, zähen Saft. In Indien und im Mittleren Osten ist die Pflanze seit Urzeiten bekannt, und mit ***Alexander dem Großen*** gelangte sie in den Westen. Die Römer schätzten ihren ausgeprägten Geschmack, der an **Zwiebeln** und **Knoblauch** erinnert. Die große, ausdauernde Pflanze mit hohen, krautigen Trieben hat eine fleischige Wurzel. Die Blüten, die in schirmförmigen Blütenständen stehen, entwickeln sich zu kleinen Früchten. Man erntet den harzigen Saft, indem man die Wurzeln der mindestens vier Jahre alten Pflanzen anritzt. Aus der Wunde tritt ein Milchsaft aus, der bei Kontakt mit der Luft härtet und eine wachsartige Konsistenz entwickelt.

Die Pflanze hat einen charakteristischen Geruch und Geschmack, der dem des **Knoblauchs** ähnelt. Ursache dafür ist hauptsächlich ein schwefelhaltiges ätherisches Öl. **Stinkasant** wird in verschiedenen Formen angeboten: als Harz, Paste und Pulver. In der Medizin wird es zu Pillen oder Tinkturen mit krampflösender Wirkung verarbeitet, außerdem wird es bei Menstruationsbeschwerden und nervösen Leiden eingesetzt.

Der Stinkasant

Stinkasant ist in der vegetarischen Küche sehr beliebt, aber auch in der asiatischen, wo er „Köstlichkeit der Götter" genannt wird. Auch in Currys und Sauerkonserven wird er gern eingesetzt. Pulver und Harz haben in rohem Zustand einen unangenehmen Geruch, der sich beim Kochen aber verliert. Das Gewürz harmoniert gut mit Gemüse und Fischgerichten.

Foeniculum vulgare ***Fenchel***
Familie: *Umbelliferae*
Herkunft: *Südeuropa, Kleinasien*
Höhe: *1,50 Meter*
Blütezeit: *Juni bis August*
Eigenschaften: *krampflösend, appetitanregend, beruhigend, harntreibend, tonisierend, milchbildend*

In der Antike wurde der **Fenchel** als Mittel gegen Schlangenbisse und Stiche von Skorpionen eingesetzt, ***Plinius der Ältere*** empfiehlt ihn auch gegen Nachtblindheit. Es gibt eine Reihe verschiedener Wildarten, deren Früchte mehr oder weniger süß, pfeffrig oder bitter schmecken. Im Laufe der Jahrhunderte hat sich der **Fenchel** nach Westen ausgebreitet, und im Mittelalter kaute man seine Samen zu Zeiten von Hungersnot und auch während der Fastenzeit, um den Hunger zu dämpfen.

Die mehrjährige Pflanze hat verzweigte, gerillte Triebe mit zahlreichen, fein geschnittenen Blättchen. Sie wirkt insgesamt luftig und fiedrig. Sie trägt kleine, gelbe Blüten in großen, schirmförmigen Blütenständen und bildet später dunkelgraue, gestreifte Samen. Im unteren Bereich sind die Triebe des **Fenchels** fleischig verdickt. Beim **Gewürzfenchel** ist dieser Teil holzig, beim **Gemüsefenchel** bleibt er zart.

Die ganze Pflanze hat einen angenehmen **Anisgeruch**. Sie wird als Gewürz, aromatisches Kraut und als Gemüse angebaut und braucht einen leichten, eher mageren Boden mit guter Drainage an einem vollsonnigen Standort. Man vermehrt sie durch Samen oder durch Teilung älterer

Pflanzen. Man verwendet die Wurzeln, die Samen und die Früchte, die nach der Reife im September und Oktober geerntet werden. Die Wurzeln kann man am Ende des ersten Standjahres ausgraben. Neben einem ätherischen Öl enthält **Fenchel** Vitamine (A, B und C) und Mineralstoffe.

Die Wurzeln wirken günstig auf das Harnsystem, die Samen stärken den Magen. Wegen des ätherischen Öls Anethol wird **Fenchel** auch für Massagen und Aufgüsse gegen Blähungen verordnet. Daneben lindert das Öl Magenkrämpfe und Koliken.

Das Pulver aus den Samen vertreibt Flöhe und andere Parasiten. Kaut man die Samen, bekämpfen sie Mundgeruch und regen die Verdauung an. **Fenchel** fördert außerdem die Milchbildung. Er wird zur Hautpflege, für Haarspülungen und als Duftstoff für Seifen verwendet, daneben ist er in Hustensäften enthalten.

GALACTODENDRON (BROSIMUM GALACT.)

Milchbaum

Familie: *Moraceae*
Herkunft: *Südamerika*
Höhe: *25 bis 30 Meter*
Blütezeit: *Frühling*
Eigenschaften: *adstringierend, nährend, tonisierend, anregend, verdauungsfördernd*

Der tropische Baum produziert kein Gewürz im eigentlichen Sinne, aber aus seinem Saft lässt sich eine aromatische und überraschend wohlschmeckende Substanz gewinnen. Der Baum kommt vor allem in Venezuela vor und gehört zur gleichen botanischen Familie wie der japanische **Seiden-Maulbeerbaum** und der **Feigenbaum**. Es gab ihn vermutlich schon zu prähistorischen Zeiten. Der **Milchbaum** wird sehr hoch und hat immergrünes Laub. Die zweigeschlechtlichen Blüten erscheinen in Gruppen, die Staubgefäße sind zu einer knopfartigen Form angeordnet. Aus ihnen entwickeln sich trockene Früchte. Der Baum gehört zu den Latex-Lieferanten. Das ist deutlich daran erkennbar, dass aus Wunden in der Rinde sofort ein weißlicher Saft austritt.

Der **Milchbaum** wächst vor allem auf trockenen Böden, beispielsweise zwischen Felsen. Er kann mehrere Wochen lang selbst unter sengender Sonne ohne Wasser auskommen. Seine Blätter sind ledrig und trocken, die Zweige sehen wie abgestorben aus. Ritzt man aber den Stamm an, tritt eine weiße Flüssigkeit aus, die in Aussehen, Eigenschaften und Nährwert der Milch ähnelt. Sie hat einen balsamischen Duft und einen sehr süßen Geschmack. Aus dieser Milch wird durch Einkochen eine Paste gewonnen, die an Marzipan erinnert. Sie enthält Mineralsalze, Zuckerstoffe, Proteine und Lipide.

Die Paste bekämpft Anämie und unterstützt die Rekonvaleszenz. Man verwendet sie zur Herstellung von süßem Gebäck, Cremes und Pudding. Der geronnene Milchsaft wird auch an Gemüse-Schmorgerichte gegeben.

Der Fenchel

Fenchel ist ein beliebtes Grillgewürz. Er harmoniert ausgesprochen gut mit Fisch und hellem Fleisch, aber auch mit fetten Fischen wie Lachs, Hering oder Makrele. Seine gerösteten Samen werden an Ragouts und würzige Laken gegeben, als Pulver würzen sie Salate und Marinaden. Grob zerstoßen verwendet man sie für Brotteige, süßes Gebäck und Suppen. Der zarte Anisgeschmack harmoniert gut mit Schweine- und Lammfleisch. Fenchel wird auch zur Herstellung von Likören verwendet, beispielsweise der Fenouillette und des Pastis, die schon vor der Französischen Revolution bekannt und beliebt waren. Die pulverisierten Samen sind Bestandteil von Currys und anderen Gewürzmischungen. Ein Aufguss aus den Blättern und Samen soll die Verdauung erleichtern.

Zur gleichen Familie gehört auch der **Brotbaum**, der auf den Polynesischen Inseln und den Sunda-Inseln heimisch ist und auf eigentümliche Weise genutzt wird. Gräbt man die essbaren Früchte ein, erhält man nach einer Weile eine Art fermentierten Käse, der sehr bekömmlich ist. Dieser merkwürdige Käse ist außerordentlich gut haltbar. Das Holz dieser Bäume wird zum Bootsbau verwendet, der Bast in der Korbmacherei.

GLEDITSIA TRIACANTHOS **Gleditschie**
Familie: *Leguminosae*
Herkunft: *Nordamerika*
Höhe: *30 Meter*
Blütezeit: *Sommer*
Eigenschaften: *nährend, anregend, tonisierend*

Die **Gleditschie** wird auch **Lederhülsenbaum** genannt und hat einen ausladenden Wuchs und ist von kräftigen Dornen bewehrt. Wegen ihres dekorativen Laubes und der Wuchsform sieht man sie in Gärten als Schattenbaum. Am alten Holz erscheinen zuerst pinnate Blätter, später treiben aus dem jüngeren Holz bipinnate Blätter aus.

Die Blätter bestehen aus zahlreichen kleinen Fiederblättern und haben eine leuchtende Grünfärbung, die sich im Herbst in kräftiges Gelb verwandelt. Die kleinen getrenntgeschlechtlichen Blüten erscheinen in kleinen Gruppen am alten Holz. Aus ihnen entwickeln sich Früchte, deren Form an hängende Tropfen erinnert. Sie sind oft gedreht und bis zu 45 Zentimeter lang. Ihre ledrige Hülle umgibt ein essbares, süßliches Fruchtfleisch, das mehrere Samen enthält.

Aus dem vergorenen Fruchtfleisch stellt man ein alkoholisches Getränk her. Das Fruchtfleisch wird auch getrocknet und zur Zubereitung von Bonbons und sehr angenehm schmeckenden süßen Pasten verwendet.

Die Sojabohne

Zur Herstellung von Sojasoße werden die gekochten Samen aufgebrochen, mit fermentiertem Reis (Koji) und Weizenmehl vermischt und vergoren. Sojasoße ist das meistverwendete Würzprodukt der Welt. Je nach Rezeptur und Art der verwendeten Sojabohnen variieren die Soßen in Farbe, Geschmack und Intensität. Schwarze Sojasoße wird „naturel" oder mit verschiedenen Gewürzen angereichert verkauft, es gibt auch eine dunkle Sojapaste, mit der beispielsweise Ente glasiert wird. Daneben kennt man Hoisin-Soße, Austernsoße und andere Zubereitungen. Durch Fermentierung der Bohnen in gesalzenem Wein erhält man eine weitere Würzzutat. Mit der duftenden Sojasoße bereitet man exotische Marinaden für Fleisch aller Art zu, aber auch für Fischgerichte. Sie gehört auch in die süß-saure Soße, die bei einem chinesischen Mahl nicht fehlen darf. Gekeimte Sojakerne sind ein ausgezeichnetes Gemüse. Aus geronnener Sojamilch stellt man Tofu her, der reich an Proteinen ist und in der vegetarischen Küche als Ersatz für Fleisch und Käse verwendet wird. Tempeh ist eine kompakte Paste aus gekochten Sojabohnen und Mehl. Man genießt sie zu Fleisch und Soßen, zu Grillgerichten und Suppen.

GLYCINE MAX — ***Sojabohne***
Familie: *Leguminosae*
Herkunft: *China*
Höhe: *1,50 Meter*
Blütezeit: *Ende Frühling*
Eigenschaften: *remineralisierend, kräftigend, cholesterinsenkend*

Die **Sojabohne,** die als Würze, Gemüse und zur Herstellung eines vielseitig verwendbaren Öles dient, wird schon seit 3000 v. Chr. in China und Japan angebaut. Erst im 18. Jh. gelangte sie nach Europa und wurde in den Kew Gardens bei London angepflanzt. Dort entdeckte man sie als Gemüse. Nach Frankreich gelangte sie 1740 durch Missionare, die sie aus China mitbrachten. Kultiviert wird sie in Europa aber erst seit dem 19. Jh., vornehmlich in Frankreich, wo 1910 in Paris eine Kooperative zur Produktion von **Sojamilch** gegründet wurde.

Auch in den Vereinigten Staaten werden **Sojabohnen** mit großem Erfolg angebaut. Erst nach dem Zweiten Weltkrieg entdeckte man ihren hohen Gehalt an pflanzlichen Proteinen, die tierischen Eiweißen qualitativ überlegen sind, sowie den Ölgehalt dieser Pflanze.

Heute wird **Soja** in zahlreichen Ländern angebaut, darunter Indien, Korea, Afrika, Südamerika und vor allem in den Vereinigten Staaten, die zu den größten Erzeugern von **Sojaprodukten** gehören.

Soja ist eine einjährige Pflanze. In ihrem Aussehen erinnert sie an eine zierliche Bohne. An den Wurzeln trägt sie zahlreiche Knöllchen, die nützliche Bakterien entwickeln. Die ganze Pflanze ist fein behaart und trägt eigentümlich gelappte, imparipinnate Blätter. Die weißlichen Blüten erscheinen in Gruppen in den Blattachseln und entwickeln sich zu länglichen Schoten, die jeweils mindestens drei Samen enthalten.

Soja hat keine besonderen Bodenansprüche, verlangt aber ein subtropisches Klima – also viel Feuchtigkeit, Wärme und reichlich helles Sonnenlicht. Es ist generell eine recht unkomplizierte Pflanze.

Die gesamte Pflanze kann verwertet werden. Aus den Samen wird Öl gewonnen, man nutzt sie aber auch zur Herstellung der **Sojasoße**, für **Sojamilch** und **Tofu**. Außerdem kann man die Samen als Gemüse genießen oder zur Produktion von **Sojakeimlingen** verwenden. Die restlichen Pflanzenbestandteile dienen als Gründünger. Vor allem die Knöllchen der Wurzeln reichern den Boden mit Stickstoff an.

Soja enthält viel Vitamin C, aber auch wertvolle Kohlenhydrate. Die Keime sind kalorienarm, die Samen enthalten 35 bis 40 Prozent pflanzliche Proteine, 20 Prozent Lipide und etwa 35 Prozent Kohlenhydrate, außerdem Mineralsalze sowie die Vitamine B und E. **Sojaprodukte** wirken generell remineralisierend, senken den Cholesterinspiegel und liefern viel Energie.

Aus den Samen wird ein Lecithin gewonnen, das maßgeblich für die günstige Wirkung auf den Cholesterinhaushalt verantwortlich ist.

Sojaöl wird in der Küche selten verwendet, dient aber in der Industrie zur Herstellung von Seifen, Emulsionen und Farben. **Sojamehl** wird in der Vollwerternährung eingesetzt.

In der Pharmazie wird **Soja** für Diätprodukte zur Gewichtsreduktion verwendet. Generell ist die Pflanze für die Nahrungsmittelerzeugung ebenso wichtig wie für die Industrie.

Glycyrrhiza glabra **Süßholz**
Familie: *Papilionaceae*
Herkunft: *Mittelmeerraum*
Höhe: *1 Meter*
Blütezeit: *Juni bis Juli*
Eigenschaften: *krampflösend, magenstärkend, hustenlindernd, beruhigend für die Haut*

Das **Süßholz** ist eine sehr alte Pflanze, die wegen ihrer Heilwirkung bereits in Ägypten und China geschätzt wurde.

Der Name **Süßholz** beschreibt den würzigen Geschmack recht treffend. Die Araber kultivierten die Pflanze erstmals im 9. Jh. in Spanien und lösten so die Verbreitung nach Italien und später nach Mitteleuropa, Russland und in die Türkei aus. Heute sind die Hauptanbauländer die Türkei, die Staaten des Nahen Ostens, Spanien, die süditalienische Provinz Kalabrien und Südfrankreich.

Das **Süßholz** ist eine mehrjährige Pflanze mit aufrechten, verholzten Trieben, die eine senkrechte Streifenzeichnung tragen. Die gestielten, gefiederten Blätter bestehen aus kleinen, ovalen Blättchen mit glatten Rändern und einer etwas klebrigen Unterseite. Im Sommer erscheinen blassblaue oder lilafarbene Blüten in gestielten Ähren in den Blattachseln. Sie haben einen fünfblättrigen Calix und eine typische Schmetterlingsblüte. Aus ihnen entwickeln sich Früchte in Form eines flachen Tropfens, die vier braune Samen enthalten. Die vielfach verzweigte Wurzel ist holzig und kann bis zu ein Meter lang werden. Sie hat einen süßen, würzigen Geschmack.

Das Süßholz

Um ein erfrischendes Getränk herzustellen, lässt man die Süßholzwurzel in Wasser ausziehen. Die pulverisierte Wurzel wird an Getränke, Gebäck, Obstsalate und Sorbets gegeben. Man verwendet Süßholz zum Aromatisieren verschiedener Alkoholika wie Pastis und Raki, für Sirups, Pastillen und Bonbons – und natürlich für alle Lakritzprodukte.

Man verwertet die Wurzeln von Pflanzen, die mindestens vier Jahre alt sind. Sie werdem getrocknet und dann geschnitzelt oder in längere Stücke geschnitten.

Die getrockneten Wurzelstücke sind braun und wegen der Dehydrierung runzlig. Ihr Inneres enthält verschiedene Pigmente und ist gelblich.

Süßholz enthält Kohlenhydrate, Tannine, Flavonoide und zahlreiche Saponine sowie das Glycyrrhizin, das in

seiner Wirkung dem Kortison ähnelt. Außerdem liefert die Pflanze Phytoöstrogene.

Seit 1950 ist bekannt, dass die Inhaltsstoffe die Heilung von Magengeschwüren fördern und ihre Entstehung verhindern können. Zwar ist **Süßholz** für Magenpatienten sehr empfehlenswert, andererseits erhöht es aber wegen des Glycyrrhizin, das auch „pflanzliches Kortison" genannt wird und auf den Mineralhaushalt des Körpers wirkt, den Blutdruck. In kleinen Dosen wird Süßholz zur Behandlung von Husten und Heiserkeit empfohlen, es wirkt auch lindernd bei Krämpfen des Verdauungstraktes.

Die **Süßholzstangen** kann man als Süßigkeit, die zugleich den Atem wirkungsvoll erfrischt, kauen.

In Süditalien ist die Art *Glycyrrhiza echinata* anzutreffen, und es ist vermutlich diese, die in der Antike verwendet wurde.

Illicium verum	***Sternanis***

Familie: *Magnoliaceae*
Herkunft: *China, Japan, heiße Regionen Amerikas*
Höhe: *6 bis 8 Meter*
Blütezeit: *Frühling*
Eigenschaften: *antiseptisch, krampflösend, appetitanregend*

Der **Sternanis** ist die Frucht eines Strauches mit weißer Rinde und immergrünen Blättern. Der Strauch trägt erst vom sechsten Lebensjahr an Früchte, wird aber fast ein Jahrhundert alt.

Die länglichen, ganzrandigen, glatten Blätter sind ledrig und glänzend. Die großen gelblichen Blüten stehen einzeln in den Blattachseln. Sie sind dekorativ und duften wie der ganze Strauch. Aus ihnen entwickeln sich sternförmige Früchte mit acht Kammern, in denen die braunen, glänzenden Samen enthalten sind. Man pflückt die Früchte vor der Reife, solange sie noch grün sind. Durch die Trocknung in der Sonne erhalten die kleinen Sternfrüchte ihre rötlich-braune Farbe.

Ganzer **Sternanis** kann recht lange in luftdicht schließenden Gefäßen an einem dunklen Ort aufbewahrt werden. Als Pulver verliert er relativ schnell sein Aroma. Der Duft dieses Gewürzes erinnert an **Anis**, der Geschmack ist aber etwas pikanter und zugleich süßlicher.

Seit Urzeiten kauen die Chinesen die Blätter des Strauches, denen sie magenstärkende Eigenschaften zuschreiben. Sie geben ihn zum Aromatisieren in den Tee und verbrennen ihn, um die Raumluft zu parfümieren. Zudem wird er als Gegenmittel für die unterschiedlichsten Gifte angesehen.

Im 17. Jh. gelangte der **Sternanis** über Russland nach Europa, wo er zuerst als **Sibirischer Anis** bekannt wurde. In Russland galt er als magische Pflanze. Man glaubte, dass der Rauch der verbrannten Samen die körperlichen Kräfte steigere.

In Frankreich verwendete man **Sternanis** früher zum Aromatisieren von Alkoholika wie Ratafia und Anisette. Heute setzt man das ätherische Öl Anethol zur Bekämpfung von Verdauungsstörungen und Appetitlosigkeit ein.

In der Pharmazie wird das Anethol zur Herstellung von Hustensirups verwendet, es wird aber auch in Seifen, Parfüms, Süßigkeiten und alkoholischen Getränken eingesetzt. Das Holz der Pflanze ist für Intarsienarbeiten sehr begehrt.

Der Sternanis

Sternanis wird vor allem in der chinesischen und vietnamesischen Küche zum Würzen von Geflügel, Schweinefleisch und Rindfleischeintöpfen verwendet. Er ist ein wichtiger Bestandteil des chinesischen Fünf-Gewürz-Pulvers. Man kaut die Samenkapseln gegen Mundgeruch.

Juniperus communis	***Wacholder***

Familie: *Cupressaceae*
Herkunft: *Europa, Mittlerer Osten*
Höhe: *6 Meter*
Blütezeit: *April bis Juni*
Eigenschaften: *antirheumatisch, antiseptisch, appetitanregend, harntreibend, schweißtreibend, ableitend*

Der **Wacholderstrauch**, der die würzigen **Wacholderbeeren** liefert, ist eine Konifere, die in sonniger Lage auf trockenen, sumpfigen und feuchten Böden gedeiht. Es ist eine sehr alte Pflanze, die schon zur Eiszeit bekannt war. Sie verträgt starken Frost und große Hitze und gedeiht daher gleichermaßen in Sibirien wie in Südeuropa.

Schon im *Alten Testament* wird der **Wacholder** erwähnt: Er diente dem jungen ***Jesus*** als Versteck, als er von römischen Soldaten verfolgt wurde. Daneben ist der **Wacholder** der ***Jungfrau Maria*** geweiht. In Italien schreibt man ihm schützende Wirkung zu, und im Mittelalter hängte man die Zweige über die Schwelle der Eingangstür, um böses Schicksal abzuhalten.

Heute wird der **Wacholder** wegen seiner aromatischen Beeren, wegen seiner Heilwirkung und wegen seines Holzes kultiviert. Die wichtigsten Erzeugerländer sind

Ungarn und einige südeuropäische Länder, besonders aromatische Beeren kommen aus Italien.

Wacholder ist ein Strauch oder kleiner Baum mit kräftiger Verzweigung. Der Stamm hat eine rötliche oder graue Rinde, die Zweige tragen feine, immergrüne Nadeln von bläulich-grüner Farbe. Sie haben eine scharfe Spitze und zeigen entlang der Mitte eine hellere Linie. Der **Wacholder** trägt männliche und weibliche Blütenstände. Die letzteren erscheinen in den Blattachseln, sind aber kaum zu erkennen. Die Früchte sind blauschwarze Beeren, die in der Vollreife weißlich bereift sind. Im ersten Jahr sind sie noch grün, erst im zweiten Herbst reifen sie heran. Aus diesem Grund sieht man an einer Pflanze reife und unreife Beeren zugleich. Die reifen Früchte werden mit Handschuhen geerntet, weil die Nadeln sehr spitz sind. Nach der Ernte werden sie weiträumig ausgelegt und langsam im Schatten getrocknet.

In Kultur fühlt sich **Wacholder** auf kalkhaltigen, gut durchlässigen, steinigen Böden an einem sonnigen Standort wohl. Er wird durch Samen oder durch Stecklinge vermehrt. Die kleine Konifere enthält Tannine, Flavonoide und organische Säuren. Die Beeren haben einen harzig-süßlichen Geschmack und einen Duft, der an Terpentin erinnert.

Als Aufguss nimmt man sie gegen Magenbeschwerden, in hoher Dosierung können sie allerdings Reizungen des Blasensystems verursachen. In Salben lindern die Wirkstoffe Muskelschmerzen. Mischt man das ätherische Öl mit süßem Mandelöl, erhält man ein entspannendes Massagemittel. **Wacholder** wird auch zum Parfümieren von Badezusätzen und Seifen sowie diversen anderen Körperpflegeprodukten eingesetzt.

Auch die Parfümindustrie verwendet **Wacholder**. Aus den Beeren wird ein bläulicher Farbstoff gewonnen, der – wenn man ihn mit **Alaun** mischt – als gelbe Farbtinktur dient. Früher war das Holz zur Herstellung von Zigarrenkisten äußerst beliebt. Noch heute wird es in der Tischlerei für Intarsienarbeiten verwendet.

In der Sprache der Blumen steht der **Wacholder** für das **schützende Asyl**.

Der Wacholder

Früher verwendete man Wacholderbeeren als Ersatz für Pfeffer. Im 18. Jh. ließ man sie mit Wasser und Absinth vergären und stellte so einen Wein her, der als „Wein der Armen" sehr beliebt war. Wacholderbeeren werden im Ganzen für Marinaden, Brühen, Schmorgerichte, Ragouts und Sauerkraut verwendet. Gemahlen gibt man sie an Brotteige, Wild, verschiedene Salate und Kohlgerichte. Sie passen auch zu Kuchen oder Apfelkompott. Zu den bekanntesten Alkoholika mit Wacholderaroma zählen der Gin, der Genever und einige schwedische Bierarten. Die Zweige und Wurzeln werden zum Räuchern von Schinken, Lachs und einigen Wurstwaren verwendet.

Mangifera indica — ***Mango***

Familie: *Anacardiaceae*
Herkunft: *Nordost-Indien, Birma*
Höhe: *30 Meter*
Blütezeit: *nach der Regenzeit*
Eigenschaften: *blutreinigend, remineralisierend, hilfreich bei Vitamin-C-Mangelerscheinungen*

Die **Mango** ist eine edle Frucht, die in Indien sehr geschätzt wird. Der **Mangobaum** wird dort seit 3.500 Jahren kultiviert und ist bis heute für die Lebensmittelproduktion unentbehrlich. Nach Afrika gelangte er etwa im 10. Jh. mit den Mauren. Die Portugiesen brachten ihn im 16. Jh. nach Südamerika, vor allem nach Brasilien. Seitdem werden **Mangos** auch auf den Antillen und im Nahen Osten angebaut, doch Asien bleibt die wichtigste Produktionsregion.

Der **Mangobaum** hat eine hohe, ausladende Krone mit immergrünem, dichtem Laub von intensiv dunkelgrüner Färbung. Die wechselständigen Blätter sind lanzettlich und werden etwa 30 Zentimeter lang. Beim Austrieb sind sie rötlich gefärbt, später werden sie grün.

Der **Mangobaum** trägt zahlreiche kleine, gelbe Blüten, die in endständigen Gruppen erscheinen. Je nach Sorte entwickeln sich aus ihnen Früchte unterschiedlichen Gewichts – von 200 Gramm bis zu einem Kilogramm und mehr.

Die **Mango** ist eine länglich-ovale Frucht mit fester, glatter Haut von wachsartigem Aussehen. Die Farbe variiert von Grün über Orange bis zu Rot. Die Frucht hat einen großen Kern und Fruchtfleisch, das bei Vollreife intensiv gelb und sehr saftig ist und einen unverwechselbaren Geschmack besitzt.

Die Mango

Mango verzehrt man frisch als ganze Frucht, in Obstsalaten oder als Fruchtsaft. Als Geschmackszutat findet man sie in Konfitüren und Chutneys. Die grüne Sorte gilt als Gemüse, das verschiedene Soßen aromatisiert. Die gekochten grünen Mangos werden zerschnitten, in der Sonne getrocknet und dann zu Pulver zermahlen. Mit etwas Kurkuma vermischt verwendet man sie für die säuerliche indische Gewürzmischung amchoor (aus den Worten am für Mango und choor für Pulver). Man kann dieses Pulver als Ersatz für Zitrone oder Tamarinde an Gemüsegerichte geben, die süß-sauer abgeschmeckt werden. Es eignet sich auch für Ragouts, Reisgerichte, Suppen, Füllungen, Marinaden, Fleisch- und Fischgerichte sowie manche Gebäckarten, Currys und Chutneys. Nach der Banane ist die Mango in ihren Ursprungsländern eine der wichtigsten Früchte für die Ernährung der Einheimischen.

Es gibt allerdings auch eine Art, deren Fruchtfleisch grün bleibt. **Mangos** gedeihen in allen subtropischen Klimazonen, man vermehrt sie hauptsächlich durch Stecklinge. Die **Mango** enthält viel Zucker und ist ein guter Nährstoff- und Energielieferant. Neben den Vitaminen A, B und C enthält sie auch verschiedene Mineralsalze.

MONODORA MYRISTICA **Jamaika-Muskat**

Familie: *Anonaceae*
Herkunft: *Westafrika*
Höhe: *20 Meter*
Blütezeit: *Frühling*
Eigenschaften: *adstringierend, blutreinigend, harntreibend, fiebersenkend, leicht narkotisierend, schlaffördernd*

Der **Jamaika-Muskat** ist ein Baum, der mit den Sklavenhändlern nach Indien und ins tropische Südamerika gelangte. Ursprünglich hielt man ihn als Zierpflanze, inzwischen ist er wegen seines ausgeprägten **Muskataromas** auch als Gewürzpflanze beliebt. In der Natur erreicht der Baum beträchtliche Höhen, in Kultur hält man ihn jedoch kleiner. Die Blätter von etwa 40 Zentimetern Länge sind ganzrandig und wechselständig. Sie haben eine längliche Form, eine ledrige Textur und sind in der Jugend rot, später grün. Die langstieligen, hängenden Blüten erscheinen in den Blattachseln. Sie sind gelb und haben eine rotbraune Tupfenzeichnung. Sie bestehen aus einem Kelch mit sechs Sepalen und einer Krone aus drei Petalen mit gewellten Rändern, besitzen zahlreiche Staubfäden, aber nur einen Fruchtknoten mit eiförmiger Basis.

Aus den Blüten entwickeln sich fleischige Früchte, die an große, ovale Beeren erinnern. Sie haben eine harte Schale und enthalten ein Fruchtfleisch mit zahlreichen Kernen, deren Geschmack an **Muskatnuss** erinnert. Die Samen werden geerntet und anschließend in der Sonne getrocknet. Aus ihnen gewinnt man ein Gewürz, das wegen seines süßlich-scharfen Geschmacks ebenso geschätzt wird wie wegen seiner Heilwirkung. Es enthält das ätherische Öl Myristicin sowie Kohlenhydrate, Mineralsalze und kleine Mengen der Vitamine A und C. In kleinen Dosen fördert es die Verdauung, lindert Blähungen und rheumatische Beschwerden und erleichtert das Abhusten von Bronchialschleim.

Mit den Samen würzt man Gemüse, Fleisch, Fisch, Soßen, Füllungen, Gratins und Hülsenfrüchte. Obstsalaten und Aperitifs geben sie eine interessante, pfeffrig-süße Note. Der Duftstoff wird auch in der Parfümindustrie verwendet.

In die gleiche Familie fallen weitere Bäume mit bemerkenswerten Eigenschaften, etwa die *Anona ethiopica*, aus der ein pfeffriges Gewürz gewonnen wird, das in der einheimischen Küche und Heilkunde eine Rolle spielt. *Cananga odorata*, auch als **Ylang-Ylang** bekannt, ist in der Parfümindustrie begehrt, und *Asimina triloba* wird in den Vereinigten Staaten zur Herstellung eines säuerlich-erfrischenden, fermentierten Getränks verwendet.

Das ausgesprochen harte Holz des **Jamaika-Muskats** ist für Tischler- und Intarsienarbeiten beliebt. Es ist hart und schwer und vielseitig einsetzbar.

MONSTERA DELICIOSA **Fensterblatt**

Familie: *Araceae*
Herkunft: *Mittel- und Südamerika*
Höhe: *etwa 10 Meter*
Blütezeit: *Frühling*
Eigenschaften: *entzündungshemmend, appetitanregend, tonisierend, harntreibend*

Das **Fensterblatt** gehört zu den **Philodendronarten**, von denen viele in den Tropen heimisch sind. Es ist eine verbreitete Kletterpflanze mit wüchsigen, verholzenden Trieben. Die jungen Blätter sind ganzrandig und haben eine Herzform. Wenn sie größer werden, entwickeln sie tief eingeschnittene Blattränder sowie Löcher an den Blattadern. Die Blätter stehen an langen Stielen und haben in der Jugend einen Durchmesser von 15 bis 20 Zentimetern. Im Alter erreichen sie eine Breite von 40 Zentimetern und eine Länge von bis zu 70 Zentimetern. Die zwittrigen Blütenstände erscheinen in hohen, etwas zerzausten Ähren. Sie bilden den für Aronstabgewächse typischen Spadix und sind von einer großen Spatha (Hüllblatt) umgeben. Die Spatha ist cremefarben, anfangs geschlossen und öffnet sich langsam. Die Früchte stehen in ovalen bis zylindrischen Fruchtständen und bestehen aus zahlreichen Beeren. Sie sind zuerst gelb und färben sich mit der Reife violett. Sie sind süß, saftig und haben einen angenehmen Geruch. Ihr Geschmack erinnert an eine Mischung aus **Banane** und **Ananas**.

Die Früchte bestehen aus Zucker, Wasser, einem proteolytischen Enzym, Mineralsalzen, Osalaten und den Vitaminen A, B und C. Sie wirken lindernd bei Ödemen und schmerzenden Gelenken. Weil das Enzym Stoffwechselschlacken beseitigt, wirken sie zudem reinigend. Auch wegen der Vitamine sind die Früchte wertvoll.

Mit ihrem zarten an **Ananas** erinnernden Geschmack eignen sie sich zur Herstellung erfrischender Getränke und köstlicher, kühler Desserts. Sie werden zur Aromatisierung von Schaumwein und Fruchtsäften verwendet, passen aber auch gut zu Schweinebraten. Zerkleinert kann man sie an Pfannkuchenteig geben, wodurch dieser ein interessantes Aroma erhält. Auch flambiert oder gebraten schmecken die Früchte ausgezeichnet. Der **Philodendron** selbst ist eine attraktive Zimmerpflanze. Er braucht Feuchtigkeit und eine nahrhafte Erde, kommt aber mit wenig Licht aus.

MORINGA OLEIFERA **Meerrettichbaum**
Familie: *Moringaceae*
Herkunft: *Nordostafrika und Indien*
Höhe: *10 Meter*
Blütezeit: *nach der Regenzeit*
Eigenschaften: *harntreibend, wundheilend, anregend, verdauungsfördernd, hilfreich bei Vitamin-C-Mangelerscheinungen*

Der **Meerrettichbaum** wird schon seit langer Zeit als Zier- und Nutzpflanze kultiviert. Früher ordnete man ihn der Familie der Capparidaceae zu, heute gehört er zur Familie der Moringaceae, die nur eine einzige Pflanzenfamilie enthält. Die Arten dieser Gattung haben sich an trockene Bedingungen angepasst. Der dicke, glatte, gerade Stamm verzweigt sich nur wenig. Die einfach gefiederten Blätter bestehen aus kleinen, rundlichen Einzelblättchen in zartem Grün. Die cremefarbenen Blüten aus fünf Blütenblättern erscheinen in großen, hängenden Gruppen. Sie enthalten viel Nektar und locken zahlreiche Vögel an. Die Früchte sehen wie hängende, dreieckige Schoten aus. Sie sind schlank und rotbraun gefärbt und enthalten drei Reihen aus geflügelten Samen. Man verwertet die Blätter, die reifen Samen und die Wurzel des Baumes. Die ganze Pflanze hat einen pikanten Geschmack, weil sie flüchtige, schwefelhaltige Stoffe mit anregender Wirkung enthält, die denen der Cruziferen ähneln.

Sie enthält außerdem Alkaloide, Mineralsalze, Tannine, Schleimstoffe, Kohlenhydrate und Vitamin C. Als Heilpflanze erleichtert sie die Verdauung, wird aber auch für Haarspülungen verwendet. Der Saft aus den Wurzeln wird für Kompressen gegen Entzündungen und Geschwülste genutzt und gegen Angina eingenommen. Wegen des hohen Vitamin-C-Gehaltes wirkt die Pflanze gegen Skorbut und Erkältungen. Das Öl aus den Samen wird gegen Hautreizungen angewendet. Eingenommen wirkt die Pflanze entschlackend.

Der Meerrettichbaum

Die Wurzel wird ähnlich wie Meerrettich verwendet, man reibt sie beispielsweise als Würze in Soßen, gibt sie aber auch an Salate, Füllungen und Suppen. Sie wird zu einer Paste verarbeitet, die als Würzbeilage zu Fleisch und Fisch serviert wird. Die Blätter und die jungen Früchte schmecken nach Kresse und werden wie Gemüse zubereitet. Sie dienen auch zum Aromatisieren von Füllungen und Kräutersoßen, passen zu Salaten und Currygerichten. Das hochwertige Öl ist sehr leicht und geruchlos und hat zudem den Vorteil, nicht ranzig zu werden. Es eignet sich ausgezeichnet für Salatsoßen.

Die Rinde sondert einen Milchsaft ab, der als Appretur für Baumwollstoffe verwendet wird, die stark strapaziert werden sollen. Er dient auch als Anstrichmittel. Aus dem Öl stellt man Seifen, Haarpflegemittel und Körpercremes her.

MURRAYA KOENIGII **Curryblatt**
Familie: *Rutaceae*
Herkunft: *Südindien und Sri Lanka*
Höhe: *2 bis 3 Meter*
Blütezeit: *Frühling*
Eigenschaften: *blutreinigend, wundheilend, erfrischend, anregend*

Der Gattungsname dieses tropischen Halbstrauches geht auf ***J. A. Murray*** zurück, der im 18. Jh. das *Linnaeus Systema vegetabilum* veröffentlichte. Die gefiederten Blätter des **Curryblattes** bestehen aus rundlichen Einzelblättchen mit dunkler Oberseite und blassgrüner Unterseite. Sie werden als Gewürz verwendet.

Das **Curryblatt** ist vor allem in der indischen Küche beliebt. Die Blättchen haben einen pikanten, kräftigen Duft, der sich intensiviert, wenn man sie zerreibt. Frisch und getrocknet verleihen sie vielen Gerichten ein charakteristisches Curry-Aroma und bereichern die einfachsten Speisen. Sie werden gern für das indische Gericht **Opuma** aus gesalzenem Grieß verwendet, aber auch zu getrockneten Bohnen und Suppen. **Curryblatt** harmoniert mit Currys, Marinaden und Omelettes, ist Bestandteil der Madras-Currymischung und würzt Soßen zu Schalentieren. Ein Aufguss aus den Blättern löst Spannungen. Zerrieben und mit Reismehl gemischt nimmt man sie gegen Verdauungsbeschwerden ein.

Curryblatt ist in asiatischen Lebensmittelgeschäften recht einfach zu bekommen. Die frischen Blätter kann man im Kühlschrank aufbewahren oder einfrieren. Vakuumverpackt behalten sie lange ihr Aroma und ihre Farbe.

MYRICA GALE, M. RUBRA
Moor-Gagelstrauch
Familie: *Myricaceae*
Herkunft: *Europa, Nordamerika*
Höhe: *1 Meter*
Blütezeit: *Frühling*
Eigenschaften: *antiseptisch, adstringierend, insektizid, hilfreich bei Durchfall*

Der **Moor-Gagelstrauch** wächst auf feuchten und sumpfigen Böden der gemäßigten Regionen. Seine Rinde ist rötlich-braun mit helleren Flecken. Er hat wechselständige, kurz gestielte Blätter von länglicher Form mit gezahnten Rändern und ledriger Textur. Sie sind graugrün und tragen eine gelbliche Tupfenzeichnung. Kurz vor den Blüten erscheinen die rotbraunen Blütenstände, aus denen sich wachsartige, rotbraune Beeren entwickeln. Die gesamte Pflanze verströmt einen intensiv harzigen Geruch. Der **Moor-Gagelstrauch** ist eine Art, deren Pflanzen von Jahr zu Jahr das Geschlecht ändern können. Mal tragen sie nur männliche Blüten, mal nur weibliche und in manchen Jahren zwittrige.

Man vermehrt die Pflanze durch Samen, Stecklinge oder Teilung und pflanzt sie am besten in sauren Boden an einem feuchten, schattigen Platz. Im Winter muss man den Strauch zurückschneiden, damit er im Frühling reichlich austreibt. Man verwertet die Blätter, die Beeren, die Wurzel und die Rinde. Die Blätter und Beeren lassen sich trocknen, ohne ihre Eigenschaften einzubüßen. Sie enthalten ein ätherisches Öl, Tannin, gelbe Pigmente, Vitamin C, Apfel- und Zitronensäure und besitzen verschiedene medizinische Vorzüge. Der Aufguss wirkt gegen Verdauungsstörungen, in Kompressen trocknet er Pickel aus. Das ätherische Öl wird für Massagen bei Verstauchungen und Verspannungen verwendet. Als Inhalation setzt man es gegen Schnupfen und Husten ein.

Die Blätter und Beeren haben einen würzig-harzigen Geschmack, der sehr gut als Würze zu Wild, gegrilltem Schweinefleisch und Ragouts passt. Sie werden aber auch für süßes Gebäck verwendet. Die Beeren geben auch Obstsalaten eine besondere Note. Aus den Blättern kann man auch duftende Kräutertees bereiten.

Die getrockneten Blätter und das ätherische Öl werden zum Beduften von Wäsche und zum Vertreiben von Insekten genutzt. Vor allem Flöhe, etwa in Teppichen, Parkettritzen und Haustierkörben, fliehen vor dem Geruch. Aus der Rinde wird ein gelber Farbstoff zum Färben von Baumwolle und Wolle sowie zum Tönen der Haut gewonnen. Die verwandte Art *Myrica rubra* wird kultiviert, weil man ihre Samen als Gewürz verwendet.

Muskatnuss

Die Muskatnuss hat ein intensives, würziges Aroma. Ihr leicht süßlicher Geschmack passt gleichermaßen zu herzhaften wie süßen Gerichten. Man kann sie reiben oder mahlen, doch immer nur kurz vor der Verwendung, um das Aroma zu bewahren. Man verwendet sie für helle Soßen, Omelettes, Gemüse, Fleisch, Kartoffelpüree, Pasteten, Käsesoufflee, Quiche, Kartoffelauflauf und Suppen. Ebenso passt sie zu Obstsalaten, Mousse au Chocolat, Obstkuchen, Plätzchen und anderen Backwaren. Auch in verschiedenen Likören und Glühwein wird sie verwendet.

MYRISTICA FRAGRANS **Muskatnuss**

Familie: *Myristaceae*
Herkunft: *Molukken, Banda (Indonesien)*
Höhe: *10 Meter*
Blütezeit: *ganzjährig*
Eigenschaften: *carminativ, narkotisierend*

Dieser Gewürzbaum war lange Zeit Gegenstand heftigster Begierden, denn im Mittelalter war **Muskat** das teuerste Gewürz Europas.

1512 vereinnahmten die Portugiesen die Inselgruppe der Molukken und hielten so das Monopol über dieses Gewürz bis zum Eintreffen der Holländer. Diese waren Exklusiv-Anbieter bis 1864 – das Jahr, in dem der Anbau freigegeben wurde. Die Holländer setzten alles daran, die Preise für **Muskat** hoch zu halten. Sie brannten sogar ihre eigenen Gewürz-Lagerhäuser in Amsterdam nieder. Ferner heißt es, sie hätten die **Muskatnüsse** vor dem Verkauf in Kalklösung getaucht, um sie keimunfähig zu machen und so konkurrierenden Anbau zu unterbinden. Trotz all dieser Vorsichtsmaßnahmen wurden die Samen auf benachbarte Inseln getragen. Auch dem Franzosen ***Pierre Poivre*** gelang es ohne sonderliche Geheimhaltung und vor der Nase der Holländer, einige Jungpflanzen außer Landes zu bringen. Diese wurden auf den Inseln Mauritius und Réunion eingepflanzt, die von 1767 bis 1773 seiner Verwaltung unterstanden. Auf diese Weise sorgte er dafür, dass der Anbau von **Muskat** sich ausweitete und seine Gewürze weltweit verfügbar wurden.

Heute wird **Muskat** auf Sri Lanka, in Indien, Südostasien, Malaysia, auf Jamaika und den karibischen Inseln angebaut. Der immergrüne Baum hat einen pyramidenförmigen Wuchs und ledrige, intensiv aromatisch duftende Blätter von länglich-ovaler Form. Ihre Oberseite ist dunkelgrün, ihre Unterseite weißlich. Die weißen Blüten stehen einzeln oder in Dreiergruppen in den Blattachseln und erinnern an Maiglöckchen. Aus ihnen entwickeln sich orangefarbene Früchte in der Größe von Pflaumen oder Aprikosen mit einer fleischigen Hülle und einem einzigen Kern. Die reifen Früchte platzen der Länge nach auf und geben den holzigen Kern frei. Dieser ist von einer dünnen, faserigen und transparenten Schicht umgeben, die als **Macis** oder **Muskatblüte** bekannt ist. Die Kerne werden vier bis sechs Wochen getrocknet. Wenn der Kern im Inneren der holzigen Schale klappert, wird die Schale aufgebrochen. Auch das **Macis** wird getrocknet und nimmt dabei seine orange-bräunliche Farbe an.

Macis hat einen würzig-süßlichen Geschmack, der jedoch weniger ausgeprägt ist als der Geschmack der **Muskatnuss**. Weil der **Muskatbaum** langsam wächst, zweihäusig ist und erst nach etwa 15 bis 20 Jahren Früchte trägt, ist seine Kultur recht aufwändig. Männliche und weibliche Bäume müssen gemeinsam gepflanzt werden. Sie brauchen ein warmes Klima mit feuchter, gut durchlässiger Erde, die viel nahrhaften Humus enthält. Pralle Sonne und scharfen Wind vertragen sie nicht. Nur die weiblichen Bäume tragen Früchte.

Etwa ab den 15. Lebensjahr kann drei Mal jährlich geerntet werden, und zwar etwa 40 bis 60 Jahre lang. Ein einziger **Muskatbaum** produziert im Lauf seines Lebens etwa 1.500 bis 2.000 Früchte. Sie enthalten etwa gleiche Mengen Öl und Amidon, außerdem ein ätherisches Öl sowie Myristicin, ein toxisches und euphorisierendes Narkotikum, das in hohen Dosen für den Menschen tödlich sein kann.

Früher schrieb man dem **Muskat** die verschiedensten Eigenschaften zu. Er galt als Aphrodisiakum und sollte bei Rheuma, Atembeschwerden und Blähungen helfen. Heute wird die **Muskatnuss** wegen ihres toxischen Charakters in der Medizin kaum noch verwendet. Als angenehm duftendes Gewürz ist sie jedoch in der Küche nach wie vor beliebt. In der Parfümerie werden die ätherischen Öle der **Macisblüte** und der **Muskatnuss** für einige Parfüms und verwandte Produkte wie Seifen und Shampoos verwendet.

Myrtus communis — ***Myrte***
Familie: *Myrtaceae*
Herkunft: *Mittelmeerraum*
Höhe: *3 bis 6 Meter*
Blütezeit: *Mai bis Juli*
Eigenschaften: *antiseptisch, adstringierend, balsamisch, wundheilend, hilfreich bei Durchfall*

Das immergrüne Laub dieses Strauches hat, ebenso wie sein balsamischer Duft, viele Dichter inspiriert. Die Griechen weihten die **Myrte** der ***Venus***, und eine der drei Grazien trug ein **Myrtensträußchen**. Statuen bedeutender Männer wurden mit **Myrte** dekoriert, bei den Römern galt sie als Symbol der Ehe. Schon im *Alten Testament* trugen die jungen Frauen Israels bei ihrer Hochzeit Myrtenkränze. Das Holz wurde als Weihrauch verbrannt, und die Heilwirkungen der **Myrte** genossen in der Antike große Anerkennung.

Heute wird die **Myrte** vornehmlich als Zierstrauch in Gärten angepflanzt. Der Strauch oder kleine Baum mit der rotbraunen Rinde hat ledrige Blätter in leuchtendem Dunkelgrün. Sie sind zugespitzt-oval und sitzen fast ungestielt an den Trieben. Drüsen mit einem ätherischen Öl geben ihnen eine Zeichnung aus winzigen transparenten Tupfen. Die weißen, gestielten Blüten stehen einzeln in den Blattachseln und haben einen pfeffrigen Duft. Die Früchte reifen im Herbst heran. Es sind rundlich-ovale, schwärzlich-blaue Beeren von der Größe einer Erbse. Sie haben einen herb-harzigen Geschmack. Die ganze Pflanze kann verwendet werden: die frischen oder getrockneten Blätter, die Blütenknospen, die voll erblühten Blüten, die frischen oder getrockneten Früchte, die Wurzeln und die Rinde. Die **Myrte** wächst in gemäßigtem Klima in fruchtbarem, gut durchlässigem Boden, der vorzugsweise leicht sauer sein sollte.

Die **Myrte** enthält ätherisches Öl, Tannin, Apfel- und Zitronensäure und Vitamin C. Sie verfügt über verschiedene Heilwirkungen. Die zerriebenen Blätter, aufgelegt auf kleine Wunden, Reizungen und Schwellungen, haben einen desinfizierenden und heilenden Effekt. Man verwendet sie auch gegen Dysenterie. Der Saft der Beeren wirkt lindernd bei Magen- und Verdauungsbeschwerden sowie bei Hämorriden. Das ätherische Öl ist sehr wirksam bei Erkältungen, Schnupfen, Husten und Bronchitis. Für die Parfümerie destilliert man aus den Blüten und Blättern einen Extrakt, der auch als „eau d'ange" (Engelswasser) bekannt ist und für Seifen, Shampoos und andere Körperpflegeprodukte verwendet wird. Auch das ätherische Öl wird in der Parfümerie genutzt. Rinde und Wurzeln hingegen werden zum Gerben von Leder eingesetzt. Im Ziergarten eignet sich die **Myrte** wegen ihres dichten Laubs gut für den Formschnitt. In Südfrankreich und Italien findet man häufig **Myrtenhecken**. Verbrennt man **Myrtenholz**, setzt es einen sehr angenehmen Duft frei.

Die Myrte

Myrtenblätter eignen sich als Gewürz zu Lamm, Rindfleisch, Geflügel und fettem Fisch wie Hering und Makrele. Die Früchte kann man an Obstsalate und Kuchen mit roten Früchten geben. Auf Korsika stellt man aus dem Saft einen köstlichen Likör her, den Myrtéi. Die getrockneten Blütenknospen werden ebenfalls als Gewürz verwendet. Sie haben einen pfeffrigen Geschmack, der zu Füllungen, Wurstwaren, verschiedenen Soßen und Gemüse passt. Stachelbeer- und Pflaumenmarmeladen bekommen durch eine Prise Myrtenblätter einen originellen, interessanten Beigeschmack.

Nigella sativa — ***Schwarzkümmel***
Familie: *Ranunculaceae*
Herkunft: *Westasien und Mittelmeerraum*
Höhe: *60 Zentimeter*
Blütezeit: *Sommer*
Eigenschaften: *appetitanregend, anregend*

Der **Schwarzkümmel** ist, ebenso wie der **Piment**, auch unter dem Namen **Allgewürz** bekannt, aber weder mit diesem noch mit dem **Kümmel** verwandt. Er gehört weder zur gleichen Familie noch hat er die gleiche geografische Herkunft. **Schwarzkümmel** ist eine kleine Pflanze, die häufig in Weizenfeldern anzutreffen ist. Heute wird er hauptsächlich in Indien angebaut, wo seine würzigen Samen sehr beliebt sind.

Es ist eine krautige, einjährige Pflanze, die von den Römern **Nigellus** (Notar) genannt wurde. Die graugrünen Blätter sind in viele gerade Fiederblättchen unterteilt, wodurch die Pflanze ein zartes, fiedriges Aussehen erhält. Die blauen Blüten aus fünf Blütenblättern erscheinen einzeln an den Spitzen der Triebe. Aus ihnen entwickeln sich kleine, kugelförmige Früchte, die in fünf Segmente unterteilt sind und zahlreiche Samen enthalten.

Diese Samen erntet man, um sie als pfeffriges Gewürz mit einem Anklang von Zitrone zu verwenden. **Schwarzkümmel** wird im Frühling ausgesät und blüht im Sommer. Er braucht einen durchschnittlichen, aber gut durchlässigen Boden in sonniger Lage. Er enthält Lipide, ätherische Öle, Mineralsalze, schwefelhaltige Heteroside und Vitamine. Die Samen regen die Produktion von Verdauungssekreten an und wirken gegen Verdauungsstörungen.

Eine enge Verwandte ist die **Jungfer im Grünen** (*Nigella damascena*), die vorwiegend als Zierpflanze in Gärten zu finden ist. Diese Pflanze hat ein sehr fein gefiedertes Laub und noch blauere Blüten als der **Schwarzkümmel**. Außerdem trägt sie sehr dekorative Samenkapseln, die gern in der Trockenfloristik verwendet werden. Auch ihre Samen können als Gewürz genossen werden, sind aber weniger aromatisch als die der Wildform.

Pandanus tectorius **Schraubenbaum**

Familie: *Pandaneae*

Herkunft: *Indien und China*

Höhe: *5 Meter*

Blütezeit: *Sommer*

Eigenschaften: *lindernd bei Durchfall, kann zu Fehlgeburten führen*

Diese Palmenart ist in Indien und China weit verbreitet. Der **Schraubenbaum** ist ein- oder mehrstämmig und zeigt das charakteristische Ring-Narbenmuster der abgestorbenen Blätter. Er hat ein sehr kräftiges Wurzelwerk, das sich gelegentlich aus der Erde drängt. Die Blätter stehen in endständigen Quirlen, sind an der Basis leicht eingerollt und haben eine langgestreckt lanzettliche Form. Sie sind ledrig und dunkelgrün und haben oft scharfkantige oder stachelige Ränder. Aus der Mitte der Blattquirle erheben sich duftende, getrenntgeschlechtliche Blüten, die weder Kelch- noch Kronblätter besitzen, sondern nur aus einem Spadix bestehen. Die männlichen Blüten bilden verzweigte Ähren und sind mit zahlreichen Staubgefäßen ausgestattet. Die weiblichen Blüten besitzen mehrere kantige Fruchtknoten, die jeweils eine Eizelle enthalten. Aus ihnen entwickeln sich zahlreiche hängende Früchte von faseriger Konsistenz, die je einen Samen enthalten.

Der **Schraubenbaum** enthält ätherisches Öl, Tannin, Zucker, Mineralsalze und Vitamine. Die reifen Früchte sollen gegen Dysenterie helfen, unreif können sie Fehlgeburten auslösen. Man kann die Früchte frisch, als Salat oder auf Obstkuchen genießen. Sie werden auch in Sirup eingemacht oder zu Kompott und Konfitüre verarbeitet. Aus den Blüten gewinnt man ein angenehm duftendes Gewürz, das mit Fleisch und Gemüse harmoniert, aber auch für Kuchen, Süßigkeiten und Getränke verwendet wird. Wegen des intensiven Duftes spielt die Pflanze auch in der Kosmetikindustrie eine Rolle, etwa zur Herstellung von Seifen und Haarpflegemitteln. Auch zum Parfümieren von Tabak wird sie verwendet.

Der Schwarzkümmel

Es ist ratsam, die Samen des Schwarzkümmels vor dem Verzehr zu rösten, weil sie dann ihr volles Aroma entfalten. Schwarzkümmel ist in verschiedenen Gewürzmischungen enthalten, etwa dem bengalischen Fünf-Gewürz-Pulver, und wird außerdem häufig in der indischen Küche, in Sauerkonserven und Chutneys eingesetzt. Pulverisiert würzt er Salate, Gemüseragouts, Ratatouille, Kartoffelgerichte, Kompott und Konfitüren. Auch mariniertem und gegrilltem Fisch, Fleisch und Geflügel gibt er Aroma. In Indien mischt man die Samen unter den Teig für die Naan genannten Fladenbrote, und im Mittleren Osten verwendet man ihn für Gebäck mit und ohne Sesam.

PAPAVER SOMNIFERUM **Schlafmohn**
Familie: *Papaveraceae*
Herkunft: *Griechenland, Ägypten, Kleinasien*
Höhe: *1 Meter*
Blütezeit: *Spätfrühling bis Frühsommer*
Eigenschaften: *krampflösend, erfrischend, schlaffördernd, beruhigend, lindernd bei Husten*

Alle Mohngewächse bilden einen Milchsaft, doch der **Schlafmohn** ist der bekannteste Vertreter. Es ist eine einjährige, robuste Pflanze, von der auch der **Klatschmohn** abstammt. Arabische Händler brachten ihn nach Indien, Persien und Südostasien. Schon die Griechen kannten die narkotisierende Wirkung des **Opiums** und nutzten sie für die Heilkunde. Die Römer trockneten die Samen und stellten daraus – gemischt mit Honig – Süßigkeiten her.

Heute wird **Mohn** in vielen Ländern zur Gewinnung der Samen kultiviert, die man einerseits als Gewürz verwendet, aus denen andererseits aber auch ein Öl gepresst wird, das dem **Sonnenblumenöl** vergleichbar ist. Weil Kultur und Verkauf von **Schlafmohn** verboten sind, handelt es sich bei den Kulturpflanzen meist um *Papaver rhoeas*, wenngleich auch die Samen des **Schlafmohns** keine negativen Auswirkungen auf den Organismus hätten.

Mohn ist eine einjährige, krautige Pflanze mit glatten, mehr oder weniger verzweigten Trieben, die wechselständige, ungleichmäßig gelappte oder gezahnte Blätter tragen. Die großen Blüten stehen an den Triebspitzen. Sie sind rot, weiß oder bläulich-rosa und haben meist an der Basis der Blütenblätter eine schwarze Flecken-Zeichnung. Später entwickeln sich aus ihnen ovale Kapselfrüchte, die im Inneren in 4 bis 14 Segmente unterteilt sind und zahlreiche Samen enthalten. Diese sind je nach Sorte gelblich bis schwärzlich-violett. Wenn die Samenkapseln ausgereift sind, bricht man sie auf, um die kleinen Samen mit dem mandelartigen Geschmack zu ernten. Die unreifen Samenkapseln produzieren einen Milchsaft, der zwei wirksame Alkaloide enthält (Morphin und Narcotin) und sedierend auf das Nervensystem wirkt.

Ferner enthalten sie Kodein, das lindernd bei Reizhusten wirkt, sowie Papaverin, das als Antispasmodikum eingesetzt wird. Wegen dieser Wirkstoffe ist der **Schlafmohn** Bestandteil zahlreicher Medikamente. Die Samen enthalten Lecithin, das reich an Phosphor ist, außerdem Amidon, Öl, Zucker, Mineralsalze und Vitamine. Das Lecithin wirkt günstig auf den Cholesterinhaushalt und kann Ablagerungen unerwünschter Fette reduzieren. **Mohnöl** der zweiten Pressung wird zur Herstellung von Seifen, Cremes und Lotionen verwendet, aber auch zur Produktion von Farben und Lacken.

Der Mohn

Mohnsamen haben einen nussigen Geschmack. Sie werden im Ganzen verwendet, getrocknet oder gemahlen. Man gibt sie an Salate, Soßen, Pudding, Kuchen und Obstsalate. Auch zum Bestreuen von Brot, Brötchen und anderen Backwaren sind sie geeignet. Gemahlener Mohn wird unter Currys gemischt, um sie anzudicken und um ihren Sättigungswert zu erhöhen. Geröstet streut man ihn über Tomatensalat, rohen Kohlsalat oder Kartoffeln. Gekeimte Mohnsamen isst man als Gemüse oder Salatzutat. Auch Mohnöl wird aus den Samen gewonnen. Das Öl der ersten, kalten Pressung dient als Speiseöl und eignet sich für leichte, schmackhafte Vinaigrettes.

PEUMUS BOLDUS

Boldo

Familie: *Monimiaceae*
Herkunft: *Südamerika*
Höhe: *6 Meter*
Blütezeit: *Sommer*
Eigenschaften: *anregend für Magen und Galle*

Der **Boldo** ist ein duftender Strauch, der wild auf sonnigen Hanglagen Chiles anzutreffen ist. Die Einheimischen verwenden seine Blätter seit jeher als Gewürz und Heilmittel. Der Strauch hat kleine, elliptische Blätter in dunklem Grün. Sie sind ledrig und graugrün und verströmen einen Duft, der an **Minze** erinnert. Zu ihren Inhaltsstoffen zählen Eukalyptol, Alkaloide (darunter Boldin) und Flavonoide.

Es heißt, dass der **Boldo** den Magen stärkt und den Appetit anregt. Er fördert außerdem die Gallentätigkeit und ist in verschiedenen Medikamenten enthalten, die bei Leberleiden verschrieben werden. In kleinen Mengen kann man ihn als Gewürz mit feinem Minze-Aroma verwenden, das zugleich die Verdauung anregt.

PHYLLANTHUS ACIDUS

Indische Stachelbeere

Familie: *Euphorbiaceae*
Herkunft: *Südostasien*
Höhe: *10 Meter*
Blütezeit: *ganzjährig*
Eigenschaften: *blutreinigend, revitalisierend, anregend, tonisierend, unterstützend bei einer Reduktionsdiät*

Gegen Ende des 18. Jh. kam die **Indische Stachelbeere** auf die Antillen und nach Amerika. Es ist ein kleiner Baum, der in tropischen Regionen wegen seiner herb-frischen Früchte kultiviert wird. Der Baum trägt nur relativ wenige, straff aufrechte Äste. Die schmalen Blätter stehen zweizeilig an den Ästen, vorwiegend an den Spitzen. Sie sind hellgrün und werden sechs bis sieben Zentimeter lang. Der Baum trägt unscheinbare rote Blüten mit sechs Blütenblättern, die in hängenden Trauben erscheinen. Die **Indische Stachelbeere** blüht und fruchtet während des ganzen Jahres. Die gelblich-grünen Früchte sind klein und rundlich abgeflacht. Sie sind in mehrere Kammern unterteilt, die jeweils zwei Samen enthalten. Die **Indische Stachelbeere** ist eine würzig-herbe, sehr erfrischende Frucht. Sie ist reich an Pektinen, Kohlenhydraten, Mineralsalzen und Vitamin C und wirkt günstig auf die Verdauung. Zudem unterstützt sie die Rekonvaleszenz, wirkt lindernd bei Schnupfen und Grippe und revitalisiert den Körper. Dank der Pektine wirkt sie sättigend und reduziert die Kalorienaufnahme, darum ist sie zur Unterstützung von Reduktionsdiäten geeignet.

Die säuerlichen Früchte werden roh mit Zucker genossen oder als Würzzutat verwendet. Man kann sie auch für Konfitüren, herb-fruchtige Gelees und süß-sauer Eingemachtes verwenden. Der Saft dient zum Aromatisieren verschiedener Getränke. Der säuerliche Geschmack passt auch gut zu Fisch und leichter Brühe.

PIMENTA DIOÏCA ***Piment, Allgewürz***
Familie: *Myrtaceae*
Herkunft: *Antillen, Südamerika*
Höhe: *10 bis 12 Meter*
Blütezeit: *Frühling*
Eigenschaften: *antiseptisch, aromatisch, carminativ, verdauungsfördernd*

Der **Piment** wird auch **Allgewürz** genannt, weil sein Geschmack einer Mischung aus **Pfeffer, Gewürznelke, Zimt** und **Muskat** ähnelt und es sehr vielseitig eingesetzt werden kann. Das Gewürz gelangte zuerst mit ***Kolumbus*** nach Europa und wurde anfangs für eine **Pfefferart** gehalten. Der schlank und aufrecht wachsende Baum hat eine dünne, grüne Rinde, die sich alljährlich abschält. Die immergrünen, glänzenden Blätter sind ledrig und haben eine längliche Form. Die weißen Blüten erscheinen in kleinen Cymen und entwickeln sich zu kleinen runden Beeren, die in der Vollreife violett sind. Sie haben einen süßlich-pikanten Geschmack und einen intensiven Duft. Man erntet die Früchte vor der Vollreife und trocknet sie in der Sonne.

Der **Piment** ist zweihäusig, darum müssen immer männliche und weibliche Pflanzen zusammen gepflanzt werden. Nach fünf bis sechs Jahren fruchten die Bäume zum ersten Mal, vollen Ertrag bringen sie jedoch erst ab dem 15. Lebensjahr – dann allerdings für fast 100 Jahre. Die Blätter und die Früchte des Baumes enthalten das ätherische Öl Eugenol sowie Tannine und Harze. Als Aufguss lindern sie Verdauungsbeschwerden. Das Gewürz wird für Gebäck, Gemüse, Fleisch, Wurstwaren, Salate, Heringe, Brühen, Soßen und viele andere Gerichte verwendet. Die Eingeborenen Südamerikas aromatisierten damit auch Kakao. Industriell wird **Piment** zum Parfümieren von Seifen verwendet.

PIMPINELLA ANISUM ***Anis***
Familie: *Umbelliferae*
Herkunft: *Mittlerer Osten*
Höhe: *60 Zentimeter*
Blütezeit: *August*
Eigenschaften: *krampflösend, beruhigend, verdauungsfördernd, auswurffördernd, magenstärkend*

Anis wird rund um das Mittelmeer angepflanzt. Seit der Antike ist er wegen seiner günstigen Wirkungen auf den Verdauungstrakt bekannt. In Ägypten und Rom kaute man die Samen nach ausgiebigen Mahlzeiten, um Verdauungsbeschwerden vorzubeugen. Daher rührt auch die Tradition, nach schweren Speisen Anisgebäck als Dessert zu servieren. Heute sind Frankreich, Spanien, Indien, die Türkei und Deutschland die wichtigsten Anbauländer für **Anis**. Die einjährige, aromatische Pflanze scheint sich nicht spontan einzustellen. Man vermehrt sie durch Aussaat im April in nahrhaftem, gut durchlässigem Boden in vollsonniger Lage.

Die unteren Blätter des **Anises** sind gezahnt, während die oberen fein gefiedert sind. Die Pflanze bildet große, dekorative Schirmblüten aus zahlreichen winzigen, weißen Einzelblüten. Die kleinen Früchte sind oval, grau-grünlich und fein behaart. Wenn die Samen ausgereift sind, zieht man die ganze Pflanze aus der Erde und hängt sie zum Trocknen auf. Die kleinen Samen werden dann abgeklopft und zur weiteren Trocknung im Schatten ausgebreitet. **Anissamen** haben einen süßen Geruch und ein würzig-süßes Aroma, das an Lakritze erinnert.

Anis enthält ein duftendes Öl sowie ein blaues ätherisches Öl, das man in Deutschland zum Einfärben von Spirituosen benutzt. Die vielseitige Heilpflanze wird zum Lindern von Magen- und Verdauungsbeschwerden verabreicht, wirkt aber auch bei Krämpfen, Nervosität und Schlaflosigkeit und fördert das Abhusten von fest sitzendem Schleim. Früher schrieb man dem **Anis** auch verjüngende und entgiftende Wirkung zu. In Indien benutzt man **Anis** für Eau de Toilette, und in der Pharmazie wird er eingesetzt, um den unangenehmen Geschmack bestimmter Medikamente zu mildern.

Der Anis

Mit den Blättern des Anis würzt man Salate und Rohkost. Man kann sie auch an frische Soßen geben oder gehackt als Würze zu Lachs servieren. Die Samen passen zu den aromatischen Gerichten der indischen Küche, aber auch zu Fischsuppen. In Italien und Deutschland gibt man sie an Brotteig und an kräftigen Lebkuchenteig. Anisbonbons sind sehr beliebt und wirken lindernd bei Husten. Daneben wird Anis zum Aromatisieren vieler alkoholischer Getränke verwendet, beispielsweise des französischen Pastis, des türkischen Raki, des ägyptischen Zibiba, des italienischen Sambuca, des griechischen Ouzo, des südamerikanischen Aguardiente, des spanischen Anisette ...

PIPER CUBEBA, PIPER LONGUM, PIPER NIGRUM
Indischer Pfeffer
Familie: *Piperaceae*
Herkunft: *Indien, Indonesien, Sri Lanka, Küste Malabars*
Höhe: *10 Meter und mehr*
Blütezeit: *Frühling*
Eigenschaften: *antiseptisch, carminativ, verdauungsfördernd, harntreibend, anregend, blutungsstillend, lindernd bei Übelkeit*

Der **Indische Pfeffer** ist in tropischen Regionen heimisch. Es ist eine große Kletterpflanze, die sich mit Hilfe von Luftwurzeln, die sich an den Stielknoten bilden, an Bäumen festhält. Die dunkelgrünen, ganzrandigen Blätter sind oval und zugespitzt. Sie werden 8 bis 15 Zentimeter lang und sind wechselständig. Die grünlich-weißen Blüten erscheinen in Ähren von etwa 15 Zentimetern Länge. Die beerenartigen

Früchte sind zunächst grün und verfärben sich in der Vollreife rot. **Schwarzer, weißer** und **grüner Pfeffer** entstammen der gleichen Pflanze.

Um **grünen Pfeffer** zu gewinnen, erntet man die voll ausgewachsenen, aber noch unreifen Früchte. Unmittelbar nach der Ernte werden sie in eine Lake eingelegt, damit sie sich nicht braun verfärben. **Schwarze Pfefferkörner** sind die ganzen Beeren, die kurz vor der Vollreife geerntet werden, wenn sie noch gelblich sind, und dann mehrere Wochen lang in der Sonne getrocknet werden.

Weißer Pfeffer entsteht aus den vollreifen, roten Beeren. Sie werden in Salzwasser eingelegt oder in Dampf getrocknet, dann wird mechanisch die äußere Umhüllung abgerieben.

Die drei **Pfeffertypen** unterscheiden sich im Geschmack. **Weißer Pfeffer** ist schärfer als **schwarzer**, aber weniger aromatisch. **Grüner Pfeffer** ist besonders mild und schmeckt leicht süßlich. Gemahlener **Pfeffer** ist häufig grau, weil er eine Mischung aus weißen und schwarzen Körnern enthält. Dadurch besitzt der Geschmack ein ausgewogenes Verhältnis aus Schärfe und Aroma.

Die **Pfefferpflanze** gedeiht in tropischen Regionen in nahrhaftem, feuchtem, aber gut drainiertem Boden mit diffusem Licht. Die Pflanzen werden durch Triebstecklinge vermehrt. Dazu schneidet man etwa 15 Zentimeter lange Triebstücke mit einem Knoten, die im Schatten in nahrhafte Erde gesetzt werden, wo sie schnell Wurzeln bilden. Wenn die **Pfefferpflanzen** etwa drei Meter hoch sind, werden sie gestutzt, um die Ernte zu erleichtern. Im Alter von fünf Jahren tragen die Pflanzen zum ersten Mal Früchte, danach fruchten sie etwa weitere zehn bis zwölf Jahre, jedoch nur in jedem dritten Jahr.

Es gibt eine Reihe weiterer **Pfeffergewächse**, die mit dem **schwarzen Pfeffer** verwandt sind. **Piper cubeba** (*Kubebenpfeffer)* ist eine Wildform, deren Blüten und Früchte in kleinen Ähren von etwa zehn Zentimetern Länge erscheinen. Die Früchte werden vor der Reife geerntet und in der Sonne getrocknet. Er wird ebenso verwendet wie der **schwarze Pfeffer**, hat aber einen leicht bitteren Geschmack.

Piper longum wurde in der griechischen und römischen Antike nachweislich häufig verwendet, kommt aber heutzutage kaum noch vor. Der Geschmack ähnelt dem des **schwarzen Pfeffers**, hat allerdings eine leicht süß-säuerliche Note.

Pfeffer enthält zu fünf bis zehn Prozent Piperin, außerdem Öle und ätherische Öle sowie Harze. Er regt den Appetit an, wirkt lindernd bei Übelkeit und Zahnschmerzen, fördert die Verdauung und stillt äußere Blutungen.

Der Pfeffer

Neben dem Salz ist der Pfeffer in den Küchen aller Welt zu finden. Er kann buchstäblich für alle Gerichte eingesetzt werden und unterstützt das Aroma anderer Gewürze. Schwarzer Pfeffer passt zu Eintöpfen, Salaten, gegrilltem und geschmortem Fleisch, Fisch und Frischkäse. Weißer Pfeffer wird zum Würzen von Gemüsepürees, einigen Gebäckarten sowie hellen Soßen verwendet. Grüner Pfeffer harmoniert gut mit gegrilltem Tunfisch, Hähnchen, Ente und anderen Fleischgerichten. Er wird auch für Mayonnaisezubereitungen zu Schalentieren und Eiersalaten verwendet. Die wilden Pfefferarten sind Bestandteil verschiedener Gewürzmischungen wie Ras-el-Hanout und Curry-Zubereitungen.

PRUNUS MAHALEB — **Weichsel**

Familie: *Rosaceae*
Herkunft: *Mittlerer Osten*
Höhe: *5 bis 6 Meter*
Blütezeit: *Frühling*
Eigenschaften: *beruhigend, schlaffördernd, abführend*

Dieser Baum trägt Steinfrüchte, die Kirschen ähneln. Er ist auch unter seinem arabischen Namen **Mahaleb** bekannt. Er wächst wild in den Bergwäldern des Mittleren Ostens, ist aber auch in Frankreich, vor allem in den Vogesen, häufig anzutreffen. Die **Weichsel** hat einen geraden, zylindrischen Stamm mit glatter Rinde. Die gestielten Blätter sind oval und zugespitzt und stehen an den Ästen der relativ rundlichen Krone. Die weißen Blüten erscheinen in Gruppen zu sechs bis acht. Nach der Bestäubung entwickeln sich kleine, rundlich-ovale Früchte, die zunächst grün sind und sich in der Vollreife schwärzlich färben. Sie haben einen sehr herben Geschmack. Aus dem getrockneten Inneren der Kerne stellt man ein Gewürz her, das unter dem Namen **Mahaleb** bekannt ist. Im Handel findet man die ganzen Kerne, die eine gelbliche Färbung haben, aber auch ein weißliches Pulver aus gemahlenen Kernen.

Sie enthalten ein flüchtiges, gelbes Öl, das schwerer ist als Wasser. Weitere Inhaltsstoffe sind Mineralsalze und Vitamin B, die in der Heilkunde eine Rolle spielen, aber auch Blausäure, die in höherer Dosierung hochgradig toxisch ist. Aus diesem Grund wird das Gewürz in der Küche äußerst sparsam eingesetzt. Für die Parfümerie stellt man eine Essenz aus den zerstoßenen und in Wasser eingeweichten Kernen her, die anschließend destilliert wird. Diese Essenz verleiht Seifen einen angenehmen Mandelduft.

PUNICA GRANATA ***Granatapfel***

Familie: *Punicaceae*

Herkunft: *Westasien*

Höhe: *4 bis 8 Meter*

Blütezeit: *Sommer*

Eigenschaften: *adstringierend, tonisierend, fiebersenkend, remineralisierend*

Dieser Baum ist in allen tropischen und subtropischen Regionen verbreitet, vor allem in Indien und rings um das Mittelmeer. Der Gattungsname *Punica* geht auf die Römer zurück, die den Baum am Ende der Punischen Kriege nach ihrem Sieg über die Karthager mit in ihre Heimat nahmen. Der Artname *granata* wiederum bezieht sich auf die zahlreichen Kerne. Die Mauren brachten den Baum nach Europa, mit den Konquistadoren gelangte er nach Amerika.

Der **Granatapfelbaum** hat einen gekrümmten Stamm und lanzettliche, leuchtend grüne Blätter von ledriger Textur. Er trägt hübsche, leuchtend rote Trompetenblüten, die einzeln oder in Vierer- bis Fünfergruppen an den Triebspitzen erscheinen. Aus ihnen entwickeln sich runde Früchte von der Größe einer Orange mit einer ledrigen, dicken Schale in Gelb oder Rot. An der Spitze bleibt der verwelkte Blütenkelch sichtbar. Das Innere der Frucht ist in zahlreiche Segmente unterteilt, die jeweils einen Kern in einem saftigen Mark mit erfrischendem, süß-säuerlichem Geschmack enthalten. Die Samen enthalten Wasser, Vitamin C und Mineralsalze. Die rötlich-graue Rinde des **Granatapfelbaums** besitzt blutreinigende Wirkung und bekämpft Würmer. Die getrockneten Blüten haben adstringierende Eigenschaften.

Als Gewürz verwendet man die Kerne. Der Saft dient als Ersatz für Zitronensaft in warmen und kalten Soßen. **Granatapfelsirup** (Grenadine) wird zum Parfümieren von Getränken, Süßigkeiten und Gebäck verwendet. Die frischen Kerne eignen sich auch als Zutat für Desserts und Obstsalate. In der Sonne oder im Backofen getrocknete **Granatapfelkerne** werden auch zum Bestreuen orientalischer Gerichte verwendet, denen sie ein säuerliches Aroma verleihen. Das Tannin der Schale wird in der Gerberei eingesetzt, mit dem Pigment der Rinde kann man Wolle färben.

In der Kunst steht ein geöffneter **Granatapfel** voller Kerne als Symbol für **Freundschaft, Einigkeit zweier Menschen** – aber auch für den **Tod**.

RHUS CORIARIA ***Sumach***

Familie: *Therebinthaceae*

Herkunft: *Mittlerer Osten, Mittelmeerraum*

Höhe: *2 bis 3 Meter*

Blütezeit: *Frühling*

Eigenschaften: *carminativ, verdauungsfördernd, fiebersenkend, anregend, tonisierend*

Der **Sumach** ist schon seit der Antike bekannt. Es ist ein kompakter Strauch, der in Italien und im Mittleren Osten sehr verbreitet ist und dessen Beerenfrüchte als Gewürz verwendet werden. In der Küche der römischen Antike ersetzte er Essig oder **Zitrone**, in orientalischen Gerichten wird er als Ersatz für **Tamarinde** verwendet. Die zarten, zugespitzten Blätter nehmen im Herbst eine außergewöhnlich schöne Rotfärbung an. Die weißen Blüten erscheinen in endständigen Gruppen und entwickeln sich zu roten Früchten. Diese werden kurz vor der Vollreife geerntet und getrocknet, um sie haltbar zu machen. **Sumach** hat einen schwachen Duft und ein angenehm säuerliches Aroma. Er ist reich an Tanninen und Mineralsalzen sowie an Vitamin B und C. Er wird gegen Fieber und Verdauungsstörungen eingesetzt, wirkt aber insgesamt tonisierend und anregend auf die Körperfunktionen.

Er wird besonders im Libanon geschätzt, wo er als Gewürz für zahlreiche Gerichte dient und auch Bestandteil der Gewürzmischung Zhatar ist. Auch in Syrien, in der Türkei und im Iran gibt man ihn an herzhafte Speisen. Die Beeren werden ganz, grob zerstoßen oder gemahlen verwendet. Ganze Beeren weicht man in heißem Wasser ein und drückt sie anschließend aus, um den Saft an Marinaden, Füllungen oder Soßen zu geben. Man kann sie auch kurz vor Ende der Kochzeit unter Ragouts mischen. Das Pulver wird als Gewürz für Fisch, Geflügel, gegrilltes Fleisch und Frikadellen benutzt, aber auch für Salate aus grünen Bohnen, Kartoffeln, Gurken und Roter Bete. **Sumach** passt zu fast jedem Gemüse und wird vor allem in Mitteleuropa auch mit rohen **Zwiebeln** genossen. Sein Inhaltsstoff Tannin spielt in der Gerberei eine Rolle.

Die Weichsel

Gemahlene Weichselkerne werden als Gewürz für Brot- und Kuchenteige verwendet. Man kann sie auch für Soßen zu weniger aromatischem Fisch und zu Schmorgerichten mit Wild verwenden. Daneben eignen sie sich zum Parfümieren von Konfitüren und Obstsalaten aus Steinobst. In der Türkei verwendet man das Gewürz für Gerichte mit Hammelfleisch und für Gemüse, gelegentlich auch zum Aromatisieren von Tee. Damit das Gewürz sein Aroma nicht verliert, bewahrt man es in luftdicht schließenden Gefäßen an einem kühlen, dunklen Ort auf. Der intensive Geschmack erinnert an Bittermandel mit einem leichten Anklang von Kirsche.

SACCHARUM OFFICINARUM, BETA SACCHARUM
Zuckerrohr, Zuckerrübe
Familie: *Gramineae bzw. Chenopodiaceae*
Herkunft: *Indien bzw. Mitteleuropa*
Höhe: *5 bis 9 Meter bzw. 60 Zentimeter*
Blütezeit: *Sommer*
Eigenschaften: *nahrhaft, remineralisierend, anregend, tonisierend*

Zucker ist ein süßes Gewürz, das man aus verschiedenen Pflanzen gewinnt, vor allem aus **Zuckerrohr** und **Zuckerrüben**. **Zucker** und **Salz** sind die wichtigsten und die ältesten Mittel zur natürlichen Konservierung von Lebensmitteln. ***Plinius*** und ***Dioscorides*** betrachteten den **Zucker** als eine Art bröckeligen Honig, der im Mark bestimmter Schilfarten enthalten war, doch offenbar waren den Römern Verfahren, **Zucker** zu raffinieren, noch nicht bekannt. Raffinierter **Zucker** gelangte mit den Kreuzrittern nach Europa, und lange Zeit hielten die Venezianer ein Monopol darauf.

Gegen Ende des 14. Jh. wurde der **Zuckerrohr** nach Sizilien und Zypern eingeführt. Ein Jahrhundert später kam es nach Spanien, wo es sich ausgezeichnet akklimatisierte. Heute wird diese wertvolle Pflanze in fast allen warmen Ländern kultiviert. Sofern das Klima es zulässt, ist **Zuckerrohr** eine der wichtigsten und rentabelsten Feldfrüchte, deren Zuckergehalt über 15 Prozent liegen kann. Der **Zuckerrohr** ähnelt einem hohen Schilfrohr, dessen Halme durch Knoten gegliedert sind. Die Blätter stehen auf beiden Seiten der Triebe und können bis zwei Meter lang werden. Sie sind bläulichgrün mit weißlichen Blattadern und welken während der Reife des Rohres langsam ab. Die Spitze des Triebes zeigt keine Knoten. Hier bildet sich eine große Blütenähre mit weißlich schimmernden, kleinen Einzelblüten, aus denen sich längliche Samen entwickeln. Einige Arten sind jedoch steril und bilden keine Früchte aus.

Ist die Blüte beendet, wird die Pflanze welk, spröde und gelblich. Nach der Ernte werden die Stiele zerteilt. Die unteren Pflanzenteile dienen der **Zuckergewinnung**. Die oberen, noch beblätterten Triebspitzen verwendet man als Stecklinge zum Heranziehen neuer Pflanzen. Zur **Zuckerherstellung** werden die Stiele zerkleinert und gekocht. Nach dem Abkühlen und Filtern erhält man einen kristallinen **Rohzucker**, der gewaschen wird, um einen Teil des honigartigen, braunen Saftes zu entfernen. Um weißen, raffinierten **Zucker** zu erhalten, sind weitere Reinigungsverfahren erforderlich. **Zuckerrohr** hat einen hohen Energiewert und enthält Saccharose, Aminosäuren und Mineralsalze.

Eine zweite Pflanze, aus der man **Zucker** gewinnt, ist die **Zuckerrübe**. Sie stammt aus Schlesien und wurde 1815 von ***Mathieu de Dombasle*** nach Frankreich gebracht, Es ist eine große, relativ gleichmäßig konische Rübe mit hellem Fleisch und weißer Schale. Aus dem Saft gewinnt man **Zucker**, der mit dem **Rohrzucker** chemisch identisch ist. Die **Rübe** enthält 96 Prozent Saft, aus dem sich 10 bis 15 Prozent **Zucker** gewinnen lassen. Der **Zucker** wird, wie beim **Zuckerrohr**, durch Zerkleinerung und Kochen dem Pflanzenmaterial entzogen, dann folgen verschiedene Reinigungsstufen. **Zucker** regt die Tätigkeit der Leberzellen an und spielt eine wichtige Rolle für die Gehirntätigkeit. Er wird als feines Pulver, als **Kristallzucker** und in größeren Brocken angeboten. Er wird für süß-saure und süß-herzhafte Gerichte verwendet, aber auch zur Herstellung von Karamell, Süßigkeiten, Konfitüren und kandierten Früchten.

Zucker mildert saure und bittere Aromen, er hebt bestimmte Geschmacksnuancen und dient zur Herstellung von Likören, Eiscreme und Sirups. In großen Mengen verzehrt, schadet er der Gesundheit, verursacht Karies und Zahnfleischentzündungen sowie Diabetes. Diabetiker dürfen ihn nicht einnehmen, sie müssen ihn durch **Zuckeraustauschstoffe** wie Saccharin ersetzen. Es gibt jedoch eine Pflanze, aus der ein Süßungsmittel gewonnen wird, das chemisch anders zusammengesetzt ist. Es handelt sich um *Stevia rebaudiana*, die bei Naturvölkern schon seit langer Zeit genossen wird. Sie kann bedenkenlos auch von Diabetikern verwendet werden. Aus den getrockneten Blättern stellt man ein süßes Pulver her, das zum Süßen von Speisen verwendet wird.

SANTALUM ALBUM
Weißes Sandelholz
Familie: *Santalaceae*
Herkunft: *Indien, Sri Lanka*
Höhe: *8 bis 10 Meter*
Blütezeit: *nach der Regenzeit*
Eigenschaften: *antiseptisch, anregend, schweißtreibend*

Auch wenn **Sandelholz** kein Gewürz im eigentlichen Sinne ist, handelt es sich doch um ein kostbares Holz, das seit langer Zeit in seinen Ursprungsländern wegen seines Duftes und seiner Heilwirkung geschätzt wird. Erst gegen Ende des 19. Jh. begann sich auch die europäische Medizin intensiver mit dieser Essenz zu beschäftigen.

Weißes Sandelholz gewinnt man von einem parasitären Baum, der sich mit seinen Saugwurzeln an den

Das Sandelholz

Sandelholz ist im gesamten Orient als Duftstoff beliebt. Das Holz wird zu Pulver zerrieben und verbrannt oder, mit Reisstärke vermischt, zu Räucherstäbchen und -kegeln verarbeitet. Auch zur Herstellung von Kerzen wird es verwendet. Durch Destillation gewinnt man aus dem Holz ein flüchtiges Öl, das sich durch seinen intensiven Duft auszeichnet. In Asien wird dieses Öl gelegentlich zum Verlängern von Rosenessenz verwendet.

Wurzeln umgebender Bäume festhält. Er hat ganzrandige, wechselständige Blätter und trägt winzige Blüten in kleinen Ähren, aus denen sich später kirschgroße Beeren entwickeln.

Wenn der Baum etwa zehn Jahre alt ist, fällt man ihn und verwertet das gelblich-braune Holz. Dieses hat einen intensiven, angenehmen Geruch, der an eine Mischung aus **Rose** und **Moschus** erinnert und in der Medizin ebenso wie in der Parfümindustrie verwendet wird. Durch Destillation gewinnt man aus dem Holz ein flüchtiges, sehr leichtes Öl mit einem starken Geruch, das in Asien gelegentlich zum Strecken von **Rosenessenz** verwendet wird.

Sassafras albidum **Fenchelholzbaum**
Familie: *Lauraceae*
Herkunft: *Vereinigte Staaten*
Höhe: *30 Meter*
Blütezeit: *Frühling*
Eigenschaften: *anregend, tonisierend, schweißtreibend, lindernd bei rheumatischen Beschwerden*

Der **Fenchelholzbaum** ist ein hoher Baum mit interessantem Laub. Die rot geäderten Blätter haben eine leuchtend grüne Oberseite und eine bläulich-grüne Unterseite. Sie können oval und ganzrandig sein, aber auch zweigeteilt oder – ähnlich wie beim **Feigenbaum** – aus drei rundlichen Lappen bestehen. Im Herbst färben sie sich leuchtend gelb, orange oder purpurrot.

Der Baum hat eine dicke, geriffelte, aromatische Rinde und trägt getrennte weibliche und männliche Blüten in grünlichem Gelb, die keine Petalen bilden. Sie stehen in kleinen Gruppen und entwickeln sich zu ovalen, intensiv blauen Früchten von etwa einem Zentimeter Länge. Man verwendet die Blätter und die Wurzeln, die einen hohen Gehalt an ätherischem Öl haben, das Safrol enthält. **Fenchelholz** regt die Schweißbildung an und fördert so die Ausscheidung von Giftstoffen. Die getrockneten Blätter hemmen die Keimung von Unkräutern.

Schinus molle **Pfefferbaum**
Familie: *Anacardiaceae*
Herkunft: *Südamerika*
Höhe: *15 Meter*
Blütezeit: *Frühling*
Eigenschaften: *entzündungshemmend, antiseptisch, blutreinigend*

Der Fenchelholzbaum

Ein Absud aus dem Holz der Wurzel wird bei rheumatischen Beschwerden empfohlen. Der Aufguss aus den Blättern wirkt tonisierend und anregend auf den Organismus.

Der **Pfefferbaum**, auch **Falscher Pfeffer** genannt, ist ein attraktiver Baum mit immergrünem Laub. Seine rundliche Krone besteht aus schlanken, leicht hängenden Zweigen. Die wechselständigen Blätter werden 15 bis 20 Zentimeter lang. Sie sind imparipinnat und bestehen aus etwa 40 schlank-lanzettlichen Einzelblättchen von drei bis fünf Zentimetern Länge. Das gesamte Laub enthält ein ätherisches Öl und verströmt einen feinen Duft.

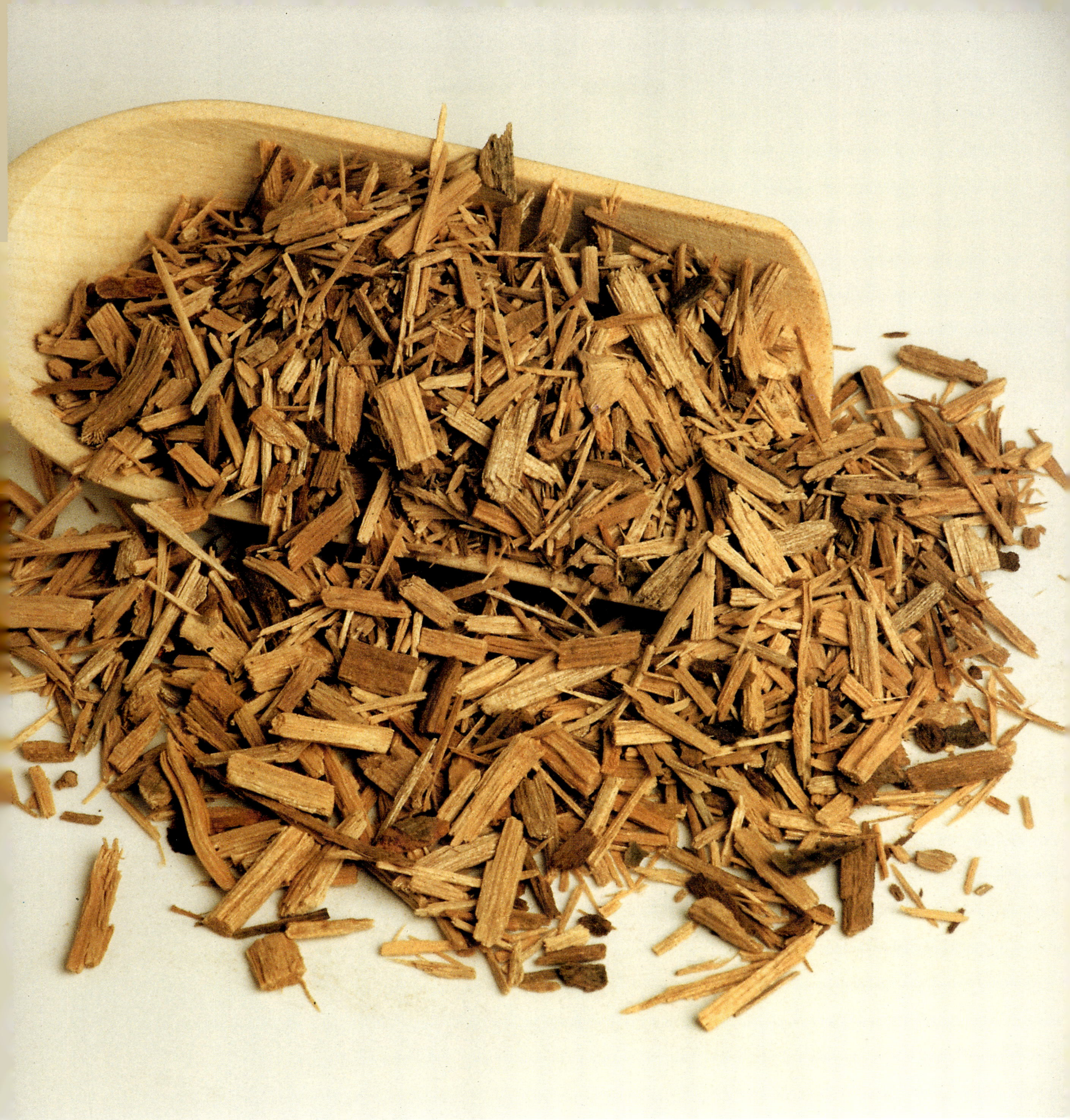

Die unscheinbaren, weißlichen Blüten stehen in kleinen Blütenständen an den Zweigen. Aus ihnen entwickeln sich dichte Gruppen korallenroter, beerenartiger Früchte, die die Größe von **Pfefferkörnern** haben. Diese Früchte bestehen aus einem Mark, das nach der Trocknung ein pergamentartiges Aussehen annimmt, sowie einem bitteren Kern. Der Baum ist leicht zu kultivieren und fühlt sich in den trockenen Regionen Mexikos wohl, wo er gern als Schattenbaum gepflanzt wird. Auf Réunion wird er neuerdings auch zur Produktion des **rosa Pfeffers** kultiviert, der mit der Nouvelle Cuisine in Mode kam. Die Beeren werden kurz vor der Vollreife geerntet und in der Sonne getrocknet oder in Salzlake eingelegt. Der Geschmack von **rosa Pfeffer** ist süßlich-aromatisch mit einem pfeffrig-herben Nachklang. Gelegentlich werden die Beeren auch als Ersatz für **schwarzen Pfeffer** (*Piper nigrum*) verwendet.

Sie enthalten einen hohen Anteil an flüchtigen Ölen, Harzen und holzigem Gewebe. Eines dieser Öle hat erhebliche blutreinigende Wirkung. Die Blätter werden zur Behandlung von Abszessen in der Mundhöhle eingesetzt, und die pulverisierte Rinde dient zur Linderung bei Ödemen. In der Küche verwendet man die Samen des **rosa Pfeffers** zur Herstellung von Essig und weinartigen Getränken. Gerichten mit Fisch und Meeresfrüchten geben sie ein sanftes, süßlich-pfeffriges Aroma. Mischt man die rosa Körner mit anderen **Pfefferarten**, erhält man ein sehr appetitlich aussehendes Gewürz. Wegen seiner Inhaltsstoffe kann der **rosa Pfeffer** in hohen Dosen allerdings toxisch wirken. Aus den rosa Beeren gewinnt man eine Essenz, die in der Parfümindustrie verwendet wird. Das Holz dient zur Produktion von Gerbstoffen und aus den Blättern wird ein gelber Farbstoff gewonnen. Das angenehm duftende Harz wird auch **amerikanisches Mastix** genannt und findet in der Herstellung von Kaugummi Verwendung.

SESAMUM INDICUM — ***Sesam***

Familie: *Pedaliaceae*

Herkunft: *tropisches Afrika*

Höhe: *je nach Sorte 60 Zentimeter bis 2 Meter*

Blütezeit: *nach der Regenzeit*

Eigenschaften: *abführend, remineralisierend, beruhigend für die Haut, kräftigend in der Rekonvaleszenz*

Der Sesam

Aus Sesamsamen stellt man Tahin her, eine dicke Paste, die in der orientalischen Küche häufig verwendet wird, beispielsweise für Hummus, ein Kichererbsenpüree, das man zu Brot oder Fleischspießchen genießt. Die ganzen, gerösteten Samen werden über verschiedene süße und herzhafte Gerichte gestreut sowie für Brote, Kleingebäck und Süßigkeiten verwendet. In Japan stellt man Gomasio her, eine Mischung aus gemahlenem Sesam und Salz. Auch für Tempura und zum Würzen von Sushi wird Sesam verwendet, vor allem für solche mit rohem Tunfisch. Sesamöl ist in der asiatischen Küche sehr beliebt, es wird aber auch zur Herstellung von Margarine verwendet. Aus dem Nahen Osten stammt Halva, eine Süßigkeit aus geschälten, gemahlenen Sesamsamen und Honig oder Zucker. Man kann die gemahlenen Samen auch an Pfannkuchenteig geben. In Westafrika isst man die jungen Triebe und Blätter der Pflanze als Gemüse.

Die Samen des **Sesams** werden gleichermaßen als Getreide und zur Herstellung eines Speiseöls verwendet. Von Afrika aus hat sich die Pflanze schnell nach Westasien, Indien und China ausgebreitet. In Mesopotamien wurde sie schon 2300 v. Chr. angebaut, in China bereits vor etwa 5.000 Jahren. Heute wird **Sesam** in zahlreichen Ländern kultiviert, und der Großteil der Ernte wird vor Ort verbraucht – beispielsweise in Indien, Birma, Pakistan, in der Türkei, in China, aber auch in Mittelamerika. Hauptexportländer sind jedoch Nigeria und der Sudan. Die jährliche Weltproduktion liegt bei etwa 20 Millionen Tonnen Samen.

Es gibt verschiedene **Sesamarten**: den **weißen**, den **braunen** und den **schwarzen**. **Sesam** ist eine einjährige Pflanze, die je nach Art nicht oder nur gering verzweigt ist und abgeflacht kantige Stiele hat. Die samtigen Blätter sind ungeteilt, lanzettilch und gezahnt oder gelappt. Je nach Art sind sie wechselständig oder gegenständig angeordnet. Die Blüten erscheinen einzeln oder in kleinen Gruppen in den Blattachseln. Sie haben leicht gewellte Ränder und sind weißlich oder rosa bis rötlich getönt. Die Früchte sind Kapseln von etwa zwei Zentimetern Länge, die zahlreiche kleine Samen enthalten. Diese Samen enthalten zwar einen hohen Anteil an Öl, sind aber fast geruchlos. Erst durch die Röstung entwickelt sich das angenehm nussige Aroma.

Sesam ist eine sehr vielseitige Pflanze. Sie ist sehr reich an Proteinen, und die Samen enthalten bis zu 40 Prozent eines duftenden, für Nahrungszwecke geeigneten Öles. Wegen ihrer Inhaltsstoffe besitzt die Pflanze auch medizinischen Wert. Ein Absud der Blätter wird für Augenbäder verwendet, als Kompresse aufgelegt beruhigen sie das Gewebe und wirken lindernd bei Entzündungen. **Sesam** wirkt auch reinigend und beruhigend auf den Organismus. Zudem ist er ein hochwertiges Nahrungsmittel, und sein Öl hat den besonderen Vorteil, nicht ranzig zu werden.

Die nach der Ölgewinnung zurückbleibenden Rückstände der Körner sind reich an Proteinen und werden als Viehfutter verwendet. **Sesam** wird auch in der Industrie eingesetzt. Aus dem Öl stellt man Seifen, kosmetische Produkte und Schmiermittel her.

NATRIUM (CHLORID) — ***Salz***

Familie: *Mineralsalze*

Herkunft: *Meersalz, Steinsalz*

Eigenschaften: *antiseptisch, remineralisierend, wundheilend, beruhigend für die Haut*

Man ordnet das **Salz** den Gewürzen zu, wenngleich es nicht pflanzlichen Ursprungs ist. Es besteht aus Chlor und Natrium und spielt eine wichtige Rolle bei der Erhaltung der Körperfunktionen. Empfohlen wird die tägliche Aufnahme von acht Gramm **Salz**. Das in Europa aus dem Mittelmeer gewonnene **Salz** wird gewaschen und kommt in verschiedenen Korngrößen in den Handel. **Atlantiksalz** wird von Hand in den Salzsümpfen gewonnen. Das sind große Becken, die sich entlang der Küsten befinden, und in denen Meerwasser gesammelt wird. Dieses Wasser enthält etwa 3 Prozent Salz, das durch Verdunstung dem Wasser entzogen wird. Dieses **Salz** ist grau und, weil es keiner weiteren Behandlung unterzogen wird, natürlicher als raffiniertes **Salz**. Feines **Meersalz** ist heller und besteht aus den Kristallen, die sich auf der Oberfläche der Salzsümpfe bilden. **Salz** ist farblos und wasserlöslich. In kristalliner Form bildet es weiße, kantige Kristalle. Es wird schon seit sehr langer Zeit als Gewürz und zur Konservierung von Fleisch und Fisch verwendet.

Seit der Antike ist **Salz** eines der wichtigsten Handelsgüter. Schon damals gewann man es auf die gleiche Weise wie heute. ***Plinius*** zufolge gab es **Salzsümpfe** auf der Insel Kreta und in einigen Küstenregionen Italiens und Afrikas. Während des Römischen Kaiserreiches gewann man **Salz** auch aus unterirdischen Quellen. Auch in verschiedenen Kulten spielte **Salz** eine Rolle. Die Israeliten verwendeten es zur Reinigung bei Opferritualen. Angesichts des hohen **Salzkonsums** kamen fast alle Regierungen auf den Gedanken, es mit einer Steuer zu belegen oder sich ein Landesmonopol anzueignen. In Frankreich wurde dieses Monopol 1340 unter der Bezeichnung Gabelle von ***Philippe IV.*** eingerichtet und erst 1790 wieder abgeschafft. 1806 wurde eine neue Steuer auf das **Salz** erhoben, die sich als durchaus rentabel erwies, jedoch 1848 wieder abgeschafft wurde.

Obwohl man **Salz** als Gewürz schon seit Urzeiten verwendet, ist seine chemische Zusammensetzung erst seit dem 18. Jh. bekannt. Neben seiner kulinarischen Bedeutung spielt das **Salz** – vor allem das **Steinsalz** – auch für andere Zwecke eine Rolle. Man verwendet es zum Auftauen von Schnee und Eis, zum Weichmachen von Wasser, zur Herstellung von Silage und Düngemitteln. Auch in der Produktion von Textilien, Glas, Steingut und Leder wird es eingesetzt. **Salzlösung** verwendet man als Mundspülung zum Desinfizieren und Lindern von Abszessen in der Mundhöhle, als Gurgellösung wirkt sie beruhigend bei Halsschmerzen. Als Fußbad erfrischt sie schmerzende, müde Füße.

In der Küche verwendet man feines und grobes **Salz**, naturbelassen oder aromatisiert. Man sollte es stets in einem dicht schließenden Gefäß an einem trockenen Platz aufbewahren. Reines **Salz** unterstützt den Eigengeschmack vieler Lebensmittel.

Kaum ein Rezept kommt ohne **Salz** aus. In Indien verwendet man **schwarzes Salz** – eigentlich graues Natursalz, das beim Mahlen einen Rosaton annimmt. Es hat einen leicht rauchigen Geschmack. In Mexiko nimmt man eine Prise **Salz**, ehe man Tequila trinkt, um den Geschmack des Getränkes zu unterstreichen.

Die Tamarinde

Tamarinde kommt geschnitten, getrocknet, als Paste oder Konzentrat in den Handel. Die getrockneten Scheiben werden in lauwarmem Wasser eingeweicht. Die Paste mischt man mit heißem Wasser, lässt sie etwa zehn Minuten ziehen und streicht sie dann durch ein Sieb, um den Saft zu gewinnen. Das Konzentrat muss lediglich in ein bis sechs Esslöffeln heißem Wasser aufgelöst werden. Im Mittleren Osten und auf den Antillen stellt man aus Tamarindensaft ein erfrischendes Getränk her. Er wird auch zur Produktion von Sirups, Bonbons und Würzsoßen wie Worcester-Soße verwendet. Aus dem Mark der vollreif gepflückten Früchte bereitet man auf Réunion ein köstliches Reisgericht zu, man verwendet es weiterhin für Konfitüren, Gelees und Fruchtpasten, aber auch zum Würzen von Bohnen und Linsengerichten. In Thailand benutzt man das Mark und die Blüten als Würze für pikant-säuerliche Suppen. Die jungen Früchte haben einen säuerlichen Geschmack. Sie werden roh verzehrt, aber auch mit süßer Krabbenpaste gemischt. Die reifen Früchte gibt man an das Prik Ka Krie (eine Mischung aus Chili, Salz und Zucker). Man kann sie auch mit Honig oder Zucker einmachen. Die reifen Samen, geröstet und mit Wasser aufgebrüht, dienen als Kaffee-Ersatz.

TAMARINDUS INDICA — ***Tamarinde***

Familie: *Leguminosae*
Herkunft: *Ostafrika*
Höhe: *20 bis 25 Meter*
Blütezeit: *nach der Regenzeit*
Eigenschaften: *antiseptisch, abführend, anregend für die Gallentätigkeit*

Wenngleich die **Tamarinde** aus Afrika stammt, wird der Baum sehr häufig in Asien und neuerdings auch in Amerika kultiviert. Sein immergrünes Laub ist dicht. Es besteht aus herabhängenden, pinnaten Blättern aus 12 bis 25 Einzelblättchen, die sich bei Einbruch der Dunkelheit zusammenfalten.

Die dekorativen Blüten in leuchtendem Gelb mit orangeroter Äderung erscheinen in endständigen Gruppen.

Aus ihnen entwickeln sich längliche, schotenartige Früchte mit harter, rotbrauner Haut. Sie enthalten schwarze Samen, die in einem gelblichen Mark liegen. Dieses Mark wird in der Küche verwendet.

Die Bezeichnung des Marks geht auf den ursprünglichen arabischen Namen *tamâr hindi* (indische Dattel) zurück, weil die Araber das Mark mit dem Fruchtfleisch getrockneter **Datteln** verglichen. Es hat einen schwachen Geruch, aber einen deutlich säuerlichen, fruchtigen, erfrischenden Geschmack.

Die **Tamarinde** enthält viele wertvolle Inhaltsstoffe, darunter Kohlenhydrate (40 Prozent), organische Säuren (unter anderem Apfelsäure), Kalzium und Phosphor.

Die reifen Früchte können wegen ihres Säuregehaltes auch zum Säubern von Kochgeschirr aus Kupfer verwendet werden.

THEOBROMA CACAO **Kakao**

Familie: *Sterculiaceae*
Herkunft: *Mexiko, Südamerika*
Höhe: *8 Meter*
Blütezeit: *nach der Regenzeit*
Eigenschaften: *beruhigend, harntreibend, tonisierend*

Die **Kakaopflanze** ist ein kleiner, tropischer Baum, der schon in präkolumbianischer Zeit von den Eingeborenen Mexikos sehr geschätzt wurde. Sie nannten ihn auch **Speise der Götter.** Mit großer Sorgfalt ernteten sie die Samen, die in den Früchten enthalten sind, und maßen ihnen den gleichen Wert wie Gold bei. Die Azteken und später die Tolteken kultivierten den Baum bereits und kannten Techniken, die **Kakaobohnen** zu trocknen und zu mahlen. Dieses Pulver wurde mit **Maismehl**, **Vanille** und **Pfeffer** vermischt und diente zur Herstellung eines anregenden Getränkes, das der aztekische Herrscher ***Moctezuma*** sehr schätzte. ***Cortés*** entdeckte das Getränk und stellte es 1528 am Hofe ***Karls V.*** vor. Der Adel war von dem neuen Aroma sehr angetan, ersetzte aber den **Pfeffer** durch **Zucker**. Ein Jahrhundert später kannte man das verführerische Gebräu in den meisten Adelspalästen Mitteleuropas. Erst im 19. Jh. begann man in der Schweiz mit der Herstellung von **Schokolade** in Tafelform. Später entdeckte der Holländer ***Conrad van Houten*** ein Verfahren zum Entölen des **Kakaos**, wobei auch **Kakaobutter** gewonnen wurde. Heute wird **Schokolade** mit verschiedensten Aromastoffen vermischt.

Die **Kakaopflanze** ist ein kleiner Baum mit zimtfarbener Rinde und weißlichem Holz, das leicht und spröde ist. Die immergrünen Blätter haben eine lanzettliche Form und sind wechselständig angeordnet. Die zahlreichen, kleinen Blüten in weißlichem Grün erscheinen in Gruppen direkt an den Zweigen. Nach der Bestäubung entwickeln sich aus ihnen ovale Früchte von 15 bis 20 Zentimetern Länge, die bei Vollreife leuchtend rot gefärbt sind. Sie haben eine ledrige Haut und sind im Inneren in Segmente unterteilt, in denen die Samen liegen. Diese haben die Größe von Bohnenkernen und sind von einer fleischigen Membran umgeben. Sie enthalten anregendes Koffein sowie Theobromin, das als Diurethikum eingesetzt wird.

Kakaobutter wird industriell zur Herstellung von medizinischen Salben und Kosmetika eingesetzt. Man verwendet auch das Theobromin, das den Samen entzogen wird, sowie die Schalen zur Herstellung von harntreibenden Medikamenten.

Der Kakao

Frische Kakaobohnen sind bitter. Sie enthalten ein Öl, das schnell fest wird: die Kakaobutter. Um genießbar zu werden, müssen die Kakaobohnen fermentiert werden. Anschließend werden sie getrocknet, zerkleinert und gemahlen. Erst dann können sie zur Herstellung von Schokolade eingesetzt werden. Kakao enthält Lipide (25 Prozent), Kohlenhydrate (65 Prozent), Mineralsalze (Eisen, Magnesium) sowie Vitamin A und B_2. Wegen des sanften, herb-bitteren Geschmacks ist Kakao eine beliebte Zutat in der Konditorei. Schokolade ist eine der bekanntesten und beliebtesten Süßigkeiten weltweit.

TRIGONELLA FOENUM-GRAECUM
Bockshornklee

Familie: *Leguminosae*
Herkunft: *Indien, Südeuropa*
Höhe: *10 bis 60 Zentimeter*
Blütezeit: *April bis Juli*
Eigenschaften: *appetitanregend, tonisierend, hypoglykämisch, carminativ, abführend, beruhigend für die Haut*

Die Samen des **Bockshornklees** haben einen zarten **Sellerieduft**, und die gesamte Pflanze duftet leicht nach frisch gemähtem Heu. Sie war schon in der griechischen Antike und bei den Ägyptern bekannt, die sie **Helbeh** nannten.

Bockshornklee wird als Gewürz- und Heilpflanze verwendet. Es ist eine mehrjährige Pflanze, die in warmem, nicht zu feuchtem Klima gedeiht. Die aufrechten, runden Triebe tragen zahlreiche Blätter, die aus drei kurz gestielten, ovalen Einzelblättern bestehen. Im Frühling erscheinen die weißlich-gelben Blüten, die ungestielt einzeln oder in Paaren in den Achseln der oberen Blätter stehen. Aus ihnen entwickeln sich schlanke, etwa acht Zentimeter lange Früchte von aufrecht-gebogener Form, die zwischen 10 und 20 Samen enthalten. Nach der Ernte trocknet man die Früchte, dann werden sie gedroschen, um die Samen zu lösen. Sie enthalten ätherische Öle, Phosphor, Trigonellin, verschiedene Vitamine und Mineralstoffe. **Bockshornklee** wird mit gutem Erfolg zur Behandlung von Magenbeschwerden und Fieber eingesetzt. Wegen seines Gehalts an Vitaminen und Mineralien stärkt er den Organismus und wirkt Anämie entgegen. Außerdem reguliert er den Fettstoffwechsel und wird bei unnatürlicher Abmagerung verabreicht. Kompressen aus den Samen setzt man zur Erweichung von Abszessen und zur Linderung von Cellulitis ein.

Als Gewürz ist **Bockshornklee** in der westlichen Küche kaum bekannt, wird aber in Indien und Afrika vielfach verwendet. Die harten Samen werden gemahlen und an Ragouts und Backwaren gegeben. Man verwendet sie auch in Gewürzmischungen und zur Zubereitung von Pickles und Chutneys. Man kann sie auch kochen und pürieren. Die Blätter der jungen Triebe gibt man an Salate oder, fein gehackt, an Gratins aus Blumenkohl, Karotten oder Kartoffeln. In Ägypten und Äthiopien wird Brot mit **Bockshornkleesamen** gewürzt, außerdem verwendet man es für die Nationalgerichte. Ferner ist **Bockshornklee** eine Färberpflanze, aus der ein sehr attraktiver roter Farbstoff gewonnen wird. Und schließlich dient die Pflanze zur Gewinnung eines Öls.

UNCARIA ODER NUCLEA GAMBIR ***Uncaria***

Familie: *Rubiaceae*
Herkunft: *Indien und Malaysia*
Höhe: *10 Meter und mehr*
Blütezeit: *nach der Regenzeit*
Eigenschaften: *adstringierend, magenstärkend, tonisierend*

Der **Uncaria** ist eine Kletterpflanze aus tropischen Regionen mit rotbrauner Rinde und einfachen, ledrigen Blättern von ovaler Form, die wechselständig an den Trieben stehen. Die Blüten erscheinen in kugelförmigen Blütenständen an den Triebspitzen und entwickeln sich zu kapselartigen Früchten. Man verwendet die Blätter und die Zweige, denen durch Abkochung und Verdunstung ein Harz entzogen wird, das dem **Cachou** ähnelt und unter Bezeichnungen wie **Gutta**, **Kino** oder **Gambir** bekannt ist. Das geruchlose Harz hat eine rötlich-braune Färbung und einen adstringierenden, bitteren Geschmack. Es ist spröde, wird aber bei Körpertemperatur geschmeidig.

Fothergill setzte **Gambir** 1758 erstmals in der Medizin ein. Das Harz besteht hauptsächlich aus Tanninen und wird als Aufguss oder in Tablettenform bei Dysenterie und Durchfall gegeben. Auch zur Bekämpfung von Magenschwäche wird es eingesetzt. Zudem verringert es die Sekretion der Drüsen und bremst die Schleimproduktion. In der Küche wird es kaum verwendet. Man mischt es aber gelegentlich mit Betel, der gekaut wird.

Die Vanille

Vanille hat einen feinen Geschmack und einen süßlich-blumigen Duft, der ausgezeichnet zu Süßspeisen, Kuchen und Kleingebäck passt. Man verwendet sie zum Würzen von Marmeladen, Eiscreme, Pudding und Schokolade. Auch Liköre, vor allem Eierlikör, werden mit Vanille parfümiert. Legt man aufgeschnittene Vanilleschoten in ein dicht schließendes Gefäß mit Puderzucker, erhält man nach drei bis vier Wochen einen köstlich duftenden Vanillezucker. In der modernen Küche wird Vanille gelegentlich auch für herzhafte Gerichte verwendet. In der Kosmetikindustrie wird sie zur Herstellung von Duftstoffen und als Zusatz zu Puder eingesetzt.

VANILLA FRAGRANS ***Vanille***

Familie: *Orchideaceae*
Herkunft: *Mexiko*
Höhe: *30 Meter*
Blütezeit: *Frühling*
Eigenschaften: *aphrodisierend, fiebersenkend, anregend, tonisierend*

Unter den zahllosen Orchideenarten ist die **Vanille** die einzige, die in der menschlichen Ernährung eine Rolle spielt, und zwar vor allem als Aromastoff. Es ist eine Kletterpflanze, die sich mithilfe eines in Mexiko heimischen Insekts vermehrt. Bis zum 19. Jh. wurde sie ausschließlich in Mexiko kultiviert. Von 1841 an bemühte man sich darum, die Kultur auch in anderen warmen Regionen zu ermöglichen, weil die Nachfrage in Europa stark anstieg. Außerhalb des natürlichen Lebensraums muss die Bestäubung jedoch manuell vorgenommen werden. **Vanille** wird heute auf den Komoren, auf Madagaskar und Réunion kultiviert, in geringerem Maße auch in Indonesien und Uganda. Heute deckt allein Madagaskar etwa drei Viertel des Weltverbrauchs an **Vanille**. Auf der Insel wird **Bourbon-Vanille** angebaut, die wegen ihres besonders intensiven Aromas die begehrteste, aber auch die teuerste Art ist. Die **Vanille** ist die Frucht einer wüchsigen Kletterpflanze, die schon seit langer Zeit bekannt ist. Die Azteken mischten sie in ihre Kakaozubereitung. Doch erst durch die Ankunft der Konquistadores im Jahre 1520 in Mexiko wurde sie weltweit bekannt. Seit dem 16. Jh. ist die **Vanille** das wichtigste Gewürz für die Schokoladenherstellung.

Die **Vanille** ist eine epiphytische Orchidee, die sich mithilfe ihrer Wurzeln an Bäumen festhält. Die Blätter sind immergrün, elliptisch und sehr fleischig. Die grünlich-weißen, unscheinbaren Blüten stehen in kleinen Gruppen in den Blattachseln. Aus ihnen entwickeln sich schlanke Früchte von 15 bis 30 Zentimetern Länge, die an grüne Bohnen erinnern. In ihrem Inneren befinden sich zehntausende winziger Samen.

Bis zur Reife der Früchte vergehen sechs bis acht Monate. Die Ernte beginnt, wenn sich die Früchte gelblich färben. Nach der Ernte werden die Früchte etwa zwei Minuten lang in 60 bis 70 °C heißes Wasser getaucht, dann bleiben sie zwölf Stunden in einer Wärmekammer und müssen anschließend zwei bis drei Wochen in der Sonne trocknen, damit sich das Glucovanillin in Glucose und Vanille aufspaltet. Dann werden die Schoten noch einmal eingeweicht und im Schatten vollständig getrocknet. Danach werden sie in Wachspapier gehüllt und müssen bis zum Verkauf zwei bis drei Monate reifen.

Der schwarz-bräunliche Farbton der **Vanilleschoten** entwickelt sich durch den Luftsauerstoff während des Fermentierungsprozesses. Sie enthalten 1,3 bis 3 Prozent reines Vanillin, das sich in winzigen, weißlichen Kristallen auf der Außenhaut ablagert und dieser ein staubiges Aussehen gibt. Der Ertrag ist recht gering, eine **Vanillepflanze** liefert etwa 500 Gramm **Vanille**. Um die große Nachfrage zu decken, hat man eine Art synthetisches Vanillin entwickelt, das aus den holzigen Teilen gewonnen wird, im Aroma mit der **echten Vanille** aber nicht zu vergleichen ist. **Vanille** hat einen hohen Anteil an ätherischem Öl und wirkt insgesamt stärkend. Sie fördert die Funktion der Verdauungsorgane, stärkt den Magen und unterstützt den Gewebeaufbau. Man schreibt ihr auch aphrodisierende Wirkung zu. Ein Aufguss aus den Schoten wirkt fiebersenkend.

VITEX AGNUS CASTUS **Keuschlamm**
Familie: *Verbenaceae*
Herkunft: *Südeuropa, Mittelmeerraum*
Höhe: *6 Meter*
Blütezeit: *Spätsommer*
Eigenschaften: *beruhigend, adstringierend, anaphrodisierend, anregend*

Das **Keuschlamm** ist ein Strauch aus dem Mittelmeerraum, der schon in der griechischen Antike bekannt war. Früher spielte er auch im klösterlichen Leben eine Rolle; daher erklärt sich auch der zweite volkstümliche Name der Pflanze: **Mönchspfeffer**. Die Zweige sind dünn und weißlich. Die wechselständigen Blätter sind handförmig und auf der Oberseite leicht samtig. Die Blüten stehen in dichten Ähren von bis zu 30 Zentimetern Länge. Sie haben eine blassviolette Färbung und einen zarten Duft. Aus ihnen entwickeln sich Trauben rundlicher Früchte mit einem kräftigen Geruch und einem scharfen, pfeffrigen Geschmack. Dieser Strauch liebt heißes Klima und trockene, leichte Böden.

Man verwendet die Früchte, die im Herbst geerntet werden. Man kann sie frisch verwerten, aber auch im Schatten trocknen und anschließend in einem dicht schließenden Gefäß aufbewahren. Sie enthalten ätherische Öle, Tannine, Alkaloide, Heteroside und Cumarin. **Keuschlamm** wirkt dämpfend auf das Nervensystem und reguliert auch den Hormonhaushalt. Aus diesem Grunde kann es gleichermaßen zur Belebung und auch zur Beruhigung gegeben werden. In der Küche kann es den **Pfeffer** ersetzen, hat aber einen weniger intensiven Geschmack. Es harmoniert gut mit Soßen, Füllungen, Pasteten und Eintöpfen, eignet sich aber auch zum Würzen von Fleisch und Wild. Die geschmeidigen Zweige werden in Griechenland und in Italien für die Korbflechterei verwendet.

XYLOPIA AETHIOPICA **Guinea-Pfeffer**
Familie: *Anonaceae*
Herkunft: *afrikanische Westküste*
Höhe: *etwa 15 Meter*
Blütezeit: *ganzjährig*
Eigenschaften: *anregend, verdauungsfördernd, tonisierend, magenstärkend*

Die Früchte dieses in warmen Regionen wachsenden Baumes werden seit langer Zeit als Gewürz und Heilmittel eingesetzt. Der **Guinea-Pfeffer** ist unter vielen volkstümlichen Namen bekannt, darunter auch **Paradies-Pfeffer**. In Europa kennt man ihn seit dem 12. Jh. als Gewürz. Hierher gelangte er auf Kamelrücken mit den Karawanen, die bis nach Nordafrika zogen. Dort wurde er auf Schiffe verladen, die Südfrankreich anliefen.

Der Baum hat ungeteilte, länglich-ovale, ledrige Blätter in dunklem Grün. Er trägt große Blüten in endständigen, hängenden Gruppen, aus denen sich sehr aromatische Früchte entwickeln. Sie enthalten Harze und ätherische Öle. Ihr Duft ist intensiv, ihr Geschmack schwächer als der des **Pfeffers**. In der Küche setzt man das Gewürz vor allem zum Aromatisieren von Fleisch und Gemüse ein. In England würzte man im 16. Jh. auch Bier mit dem **Guinea-Pfeffer**.

ZANTHOXYLUM PIPERICUM
Japanischer Pfeffer, Sichuan-Pfeffer
Familie: *Rutaceae*
Herkunft: *China*
Höhe: *6 Meter*
Blütezeit: *Sommer*
Eigenschaften: *analgetisch, antirheumatisch, verdauungsfördernd, anregend, magenstärkend, tonisierend*

Der **Sichuan-Pfeffer** ist die Frucht eines kleinen Baumes von schlanker, aufrechter Gestalt, der in den asiatischen Höhenwäldern anzutreffen ist. Der Stamm hat eine graue Rinde und ist von konischen Vorsprüngen bedeckt. Sie sind aus Dornen entstanden, die sich im Verlauf der Entwicklung des Baumes umgeformt haben. Die Zweige sind mit abgeflachten Dornen und etwa 20 Zentimeter langen, zugespitzten Blättern bedeckt. Sie bestehen aus bis zu elf ganzrandigen, ovalen Einzelblättchen, die schwach gezahnt und leuchtend grün sind. Öldrüsen geben ihnen ein geflecktes Aussehen.

Die Hauptadern der Blätter tragen auf den Blattunterseiten meist ebenfalls Stacheln. Die grünen Blüten haben eine regelmäßige Form aus zahlreichen Petalen und Staubfäden. Sie stehen in kurzen Trauben an den Spitzen der Zweige und entwickeln sich zu kleinen, sehr aromatischen, kugeligen Früchten von etwa fünf Millimetern Durchmesser und einer harten Schale. Sie sind anfangs grün und färben sich mit der Vollreife rot. Wenn sie trocknen, zerfallen sie und geben schwarz glänzende Samen frei.

Der Sichuan-Pfeffer

Das Gewürz regt den Appetit an, ein Absud aus den Früchten erleichtert die Verdauung und lindert rheumatische Beschwerden. Gibt man das Pulver auf eine kariöse Stelle, lindert es Zahnschmerzen. Sichuan-Pfeffer hat einen Geschmack, der an Pfeffer und Anis erinnert. Er wird in der chinesischen und japanischen Küche sehr häufig verwendet. Er passt gut zu Fleisch, Fisch und Gemüse, bildet aber auch einen Bestandteil des Fünf-Gewürz-Pulvers. Die gerösteten Samen haben einen intensiveren Geschmack, der dem des Pfeffers näher kommt. In Asien nennt man den Baum** Hoa-Tsio **(Pfefferblüte), was auf seinen Duft und seinen Geschmack anspielt. Dort erntet man auch die Blätter, die getrocknet und gemahlen als Zutat für das beliebte traditionelle Gewürz Sansho verwendet werden.

Die gesamte Pflanze ist aromatisch, verwendet werden aber nur die Blätter und die Früchte. Die Früchte werden getrocknet, dann löst man die Umhüllung, um die Samen zu erhalten. Diese zerreibt man zu einem Pulver – dem **Sichuan-Pfeffer**.

Das Gewürz ist scharf mit einem Anklang von **Anis** und **Zitrone**. Es enthält ätherische Öle, Tannine, Harze und Flavonoide und wird auch zu Heilzwecken eingesetzt.

Zingiber officinale — ***Ingwer***
Familie: *Zingiberaceae*
Herkunft: *Indien, China*
Höhe: *1 bis 1,50 Meter*
Blütezeit: *Sommer*
Eigenschaften: *antirheumatisch, beruhigend, verdauungsfördernd, anregend, tonisierend, lindernd bei Husten*

Dieses Gewürz wird schon seit langer Zeit im Fernen Osten kultiviert. Von dort gelangte es mit arabischen Händlern nach Griechenland und breitete sich weiter in ganz Europa aus. Schon ***Dioscorides*** erwähnt die medizinischen Vorzüge des **Ingwers** in seinem Werk *Über die Heilkunst*. Im Mittelalter war **Ingwer** nach dem **Pfeffer** das zweitwichtigste Gewürz. Im 13. Jh. entdeckten arabische Händler im östlichen Afrika diese Rhizompflanze, die durch die Portugiesen später auch in Westafrika angesiedelt wurde. Die Spanier brachten sie nach Jamaika und auf die Antillen, von wo noch heute ein besonders hochwertiger **Ingwer** stammt. Heute wird **Ingwer** in großem Stil in Indien, China, Taiwan, Nigeria und Jamaika angebaut, aber auch auf der Insel Mauritius und in Australien. Das Gewürz wird in aller Welt geschätzt, es scheint aber, als seien die Engländer die Hauptverbraucher unter den europäischen Ländern.

Die mehrjährige Pflanze hat fleischige Rhizome und spektakuläre Blüten. Sie gedeiht nur in tropischem Klima. Die eleganten Blätter sind lanzettlich und leuchtend grün. Sie stehen an kräftigen Stielen. Die Blüten erscheinen in endständigen Ähren und sind von einem Hüllblatt umgeben. Der Spadix besteht aus übereinander liegenden Brakteen in leuchtendem Grün mit gelben Rändern. Die Blüten sind ebenfalls gelb und haben eine obere Lippe in auffälligem Rot. Früchte bilden sich nur selten.

Ingwer wird durch Teilung der Rhizome im Frühling vermehrt. Man setzt die Rhizomstecklinge in nahrhafte, feuchte und warme Erde. Zehn Monate nach der Pflanzung, meist also etwa im Februar, werden die aromatischen Rhizome geerntet. Das muss geschehen, ehe sie neu austreiben. Man kann **Ingwer** schälen und frisch verwerten, meist wird er aber getrocknet und in Stücke geschnetzelt oder zu Pulver gemahlen.

Ingwer lässt sich auch in Sirup oder Essig einlegen. Gelegentlich wird er in dickflüssigem Sirup kandiert und in Zucker gewälzt.

Der Ingwer

Frischer Ingwer wird vor allem für Currygerichte gern verwendet. Er würzt zahlreiche orientalische Gerichte, passt gut zu Schweinefleisch, Ente, Rindfleisch, Meeresfrüchten, Geflügel, Gebratenem, Pasteten, Salaten, Suppen und süßsauren Soßen. Die Japaner marinieren ihn in gezuckertem Essig und verwenden ihn als Würze für Sushi. Auch in Aperitifs ist er enthalten. Als Pulver gibt man ihn an Currymischungen, aber auch an Kuchen und Lebkuchen. Wein, Bier (Ginger Ale) und andere Getränke werden mit Ingwer gewürzt.

Folgende Seiten
Der Weihrauch

Diese würzig-aromatischen Substanzen stammen aus Arabien und gelten seit der Zeit der Königin von Saba als ausgesprochene Kostbarkeiten. In einigen Regionen waren sie ausschließlich der religiösen Verwendung vorbehalten. Für den menschlichen Verzehr sind sie gänzlich ungeeignet.

Er hat einen scharfen Geschmack mit einem erfrischenden Beiklang von **Zitrone**. Er enthält flüchtiges Öl, Gingerol und Amidon und verfügt auch über verschiedene Heilwirkungen. Als Einreibung oder Kompresse verwendet man ihn bei rheumatischen Beschwerden und Kopfschmerzen. Auch bei Magen- und Zahnschmerzen wirkt er lindernd. Er hat insgesamt günstige Wirkungen auf den Verdauungsapparat, soll aber auch das Sehvermögen stärken.

Als Gewürz im Tee fördert er die Durchblutung und wirkt gegen Schnupfen, Husten und Grippe. Kandierter **Ingwer** ist ein beliebtes Mittel gegen See- und Reisekrankheit. Früher hielt man ihn auch für ein Aphrodisiakum. Die Professoren der Hochschule von Salerno erklärten zu diesem Thema: *„Jeder Mensch sollte regelmäßig Ingwer zu sich nehmen, damit er wie in seiner Jugend liebt und geliebt wird."*

Gewürzpasten und Gewürzpulver

Gewürzpulver

Cajun

Diese Gewürzmischung ist in Louisiana sehr beliebt. Der Name geht auf eine Verballhornung des Wortes „acadien“ zurück, mit dem die in Louisiana ansässigen Frankokanadier bezeichnet wurden.

Je einen Teelöffel schwarze Pfefferkörner, Kuminsamen, weiße Senfkörner anrösten und mahlen, mit je einem Teelöffel Piment, getrocknetem Oregano, Salz, einer fein gewürfelten Zwiebel, zwei Teelöffeln Paprika, getrocknetem Thymian und zwei Knoblauchzehen vermischen.

Cajun ist das klassische Gewürz für das berühmte Jambalaya mit Gombo (Okra). Man kann es auch zum Einreiben von Fleisch, Fisch und Geflügel vor dem Braten oder Grillen verwenden.

Chutney

In dieser typisch englischen Mischung vereinen sich süße und würzige Aromen. In der Hauptsache besteht es aus getrockneten Früchten, grünen Tomaten oder Mangos.

Die grünen Tomaten oder Mangos in Stücke schneiden. Dann zu gleichen Teilen frische, geputzte und gewürfelte Äpfel, fein gehackte Zwiebeln, Kristallzucker und zwei zerdrückte Knoblauchzehen zugeben.

Auf den Herd stellen, einen Esslöffel Salz zugeben und drei Esslöffel Einlegegewürz in einem Mullsäckchen in die Mischung hängen.

60 Zentiliter Apfelessig zugießen, zum Kochen bringen und auf kleiner Flamme unter häufigem Rühren eine Stunde einkochen lassen.

Das Chutney heiß in sterilisierte Gläser mit Twist-off-Deckel gießen. Etwa einen Monat ruhen lassen, dann zu Fleisch, Geflügel, Gemüse oder Käse servieren.

Fünf-Gewürz-Pulver

Diese aromatische Gewürzmischung aus China wird häufig zu Sojasoße gegeben, um traditionelle Geflügelgerichte, gegrillte Schweinerippchen oder Marinaden zuzubereiten.

Man zerkleinert Sichuan-Pfeffer, Zimt oder Cassia, Fenchelsamen, Sternanis und Gewürznelken in gleichen Mengen zu einem feinen Pulver. Geruch und Geschmack des Sternanis treten leicht in den Vordergrund.

Bengalisches Fünf-Gewürz-Pulver

Dies ist eine Variante des vorherigen Rezepts.

Hierfür werden zu gleichen Teilen Fenchelsamen, Kumin, Bockshornklee, Schwarzkümmel und weiße Senfkörner gemischt, aber nicht geröstet oder zerkleinert.

Um ein Gericht zu würzen, wird eine Portion der Mischung in Öl oder Butter angebraten, bis sie duftet.

Colombo

Diese Mischung ähnelt dem Curry und ist vor allem auf den Antillen bekannt. Sie schmeckt köstlich zu Geflügel und Fisch.

Das Pulver besteht aus Peperoni, Kurkuma, Senfkörnern und Knoblauch. Alle Zutaten werden gemeinsam zerrieben.

Curry

Lange Zeit bezeichnete das Wort Curry außerhalb Indiens jedes beliebige Gericht mit einer indischen Soße. Tatsächlich ist Curry eine Mischung aus verschiedenen Gewürzen, die je nach Region in der Zusammensetzung variieren können. Die Unterschiede zwischen den Curryarten ergeben sich aus den Zutaten, die in der jeweiligen Region verfügbar sind. Wichtig ist vor allem ein ausgewogenes Verhältnis zwischen den Zutaten.

In einer Pfanne ohne Fett Pimentkörner, schwarze Senfkörner, schwarze Pfefferkörner, Kuminsamen, Koriander- und Fenchelsamen unter ständigem Rühren anrösten.

Wenn die Gewürze zu duften beginnen und gleichmäßig geröstet sind, vom Feuer nehmen und in einem Mörser fein zerkleinern. Dabei mit Kurkuma und Ingwer mischen.

Curry der Sieben Meere oder Indonesisches Curry

Diese sanftere Mischung eignet sich für Schmorgerichte, Sambals, Kebabs, verschiedene Currygerichte sowie malaiische und indonesische Gerichte.

Man erhitzt in einer Pfanne weiße Kardamomsamen ohne Hülsen, außerdem Samen von Koriander, Sellerie, Kumin, Gewürznelken und zerstoßene Gewürzrinde. Die gerösteten Gewürze werden zu feinem Pulver zerstoßen und mit gemahlenem Piment gemischt.

Curry aus Singapur

Dieses Rezept passt besonders gut zu Fleisch und Geflügel.

In einer großen Pfanne ohne Fett Samen von Kumin, Fenchel, Pfeffer, Koriander und Gewürznelken rösten. Zimt in kleinen Stücken und Kardamom ohne Hülsen zugeben. Alle Gewürze zu feinem Pulver zerstoßen und gemahlenen Kurkuma zugeben.

Lässt man Kardamom, Gewürznelken und Zimt weg und fügt stattdessen Bockshornklee hinzu, erhält man eine ausgezeichnete Würzmischung für Fisch.

Garam Massala

Massala bedeutet Mischung, garam heißt heiß oder brennend. Garam Massala ist in der Tat eine außergewöhnliche Gewürzmischung. Je nach Region enthält es mindestens sechs bis zwölf Gewürze.

Für die klassische Mischung verwendet man: vier Esslöffel Kuminkörner, einen Esslöffel schwarze Pfefferkörner, sechs Esslöffel Korianderkörner, zehn Gewürznelken, ein Stück Zimt, zehn Kardamomkapseln und drei Lorbeerblätter.

Unter häufigem Rühren anrösten, bis die Gewürze zu duften beginnen.

Die Kardamomkapseln entfernen und die Zimtstange zerbröseln.

Einen Esslöffel pulverisierte Macisblüte zugeben und alles zu einem feinen Pulver zerkleinern.

Garam Massala ist ein gutes Gewürz für Soßen zu Fleisch und Geflügel. Man kann es auch kurz vor dem Servieren über Gerichte geben oder mitkochen.

Kama

Diese marokkanische Mischung besteht aus fünf Gewürzen.

Je zwei Teelöffel pulverisierten Ingwer, Kurkuma und schwarze Pfefferkörner in einer Pfanne anrösten.

Dann einen Teelöffel geriebene Muskatnuss und eine Zimtstange zugeben. Alle Zutaten zu feinem Pulver zerstoßen.

Die Gewürzmischung passt gut zu Hammelfleisch, Geflügel, Fisch und Gemüse.

Massala aus Kaschmir

Diese Mischung ist sehr beliebt zum Würzen von Fisch, Krabben und Lammfleisch.

Die Zutaten sind: ein Esslöffel schwarze Pfefferkörner, ein Esslöffel Gewürznelken, ein Esslöffel Kumin, zwölf grüne Kardamomkörner, zwei Teelöffel Kümmelsamen, ein Teelöffel geriebene Muskatnuss und eine Zimtstange.

Die Kardamomkapseln aufbrechen, die Zimtstange zerbröseln.

Alle Gewürze bis auf die Muskatnuss in einer Pfanne anrösten.

Wenn die Gewürze zu duften beginnen, die Kardamomhülsen entfernen und alles fein zerreiben.

Die geriebene Muskatnuss zugeben.

Massala für Obstsalate

Dieses würzige Pulver wird für exotische Fruchtsalate aus Papayas, Mangos, Guaven, Äpfeln und Bananen verwendet.

Die Zutaten und Mengen für das Grundrezept lauten: je ein Teelöffel schwarze Pfefferkörner, Ajowan, getrocknete Granatapfelsamen und Kumin, zu feinem Pulver zerrieben.

Unter ständigem Rühren je einen Teelöffel Salz und Mangopulver, einen viertel Teelöffel Stinkasant, sowie je einen halben Teelöffel Garam Massala und Cayennepfeffer zugeben.

Diese Mischung für Obstsalate lässt sich nicht lagern.

Erdnuss-Mischung

Diese Mischung wird zum Panieren von Geflügel, Lamm, Fleischklößchen und Fisch verwendet. Man darf sie nicht mit Erdnussbutter verwechseln, die eine Paste, aber keine Gewürzmischung ist.

Das Rezept ist ganz einfach. Sie brauchen: 50 Gramm Erdnüsse, einen halben Teelöffel gemahlenen Piment, einen Teelöffel Vier-Gewürz-Pulver, Salz.

Die Erdnüsse grob zerkleinern. Dann mit den anderen Zutaten mischen. Die Mischung kann etwa zwei Monate lang in einem luftdicht schließenden Gefäß aufbewahrt werden.

Äthiopische Mischung

Diese komplexe Mischung besteht aus rund einem Dutzend Gewürze mit ganz verschiedenem Geschmack und von unterschiedlicher Herkunft.

In einer Pfanne acht zerdrückte Kardamomkapseln, ein Dutzend entstielte und entkernte Peperoni, je einen Teelöffel ganze Körner von Koriander, Kumin, Piment, Bockshornklee, Ajowan sowie zwei Teelöffel schwarzen Pfeffer und acht Gewürznelken unter ständigem Rühren erhitzen.

Wenn die Körner rundum geröstet sind, vom Herd nehmen. Die Kardamomhülsen entfernen. Alle Gewürze zu feinem Pulver zerstoßen, dabei einen halben Teelöffel gemahlene Muskatnuss, einen Teelöffel gemahlenen Ingwer und zwei Teelöffel Salz zugeben.

Diese Gewürzmischung harmoniert besonders gut mit Fisch und Geflügel.

Mischung für Gewürzbrot

Diese englische Mischung eignet sich auch für Kuchen, süße Aufläufe und Plätzchen.

Je einen Teelöffel Gewürznelken und Piment sowie ein Stück Zimt und eventuell einige Korianderkörner fein zerkleinern.

Je einen Teelöffel gemahlenen Zimt, gemahlenen Ingwer und geriebene Muskatnuss zugeben und alles gründlich vermischen.

Mischung zum Einlegen

Diese Gewürzmischung stammt ebenfalls aus England.

Man benötigt dafür: je einen Esslöffel Gewürznelken, Korianderkörner, Pimentkörner, schwarze Pfefferkörner, weiße Senfkörner, ein Stück Zimtstange, ein Stück Ingwerwurzel und zwei oder drei getrocknete Peperoni.

Diese Mischung kann man auf dreierlei Art zubereiten und verwenden. Man kann die Gewürze in einen Topf geben, eben mit Essig bedecken und langsam zum Kochen bringen. Anschließend abkühlen lassen und filtern. Auf diese Weise erhält man einen intensiv gewürzten Essig, der sich zum Würzen der verschiedensten Speisen eignet.

Es ist auch möglich, die Gewürze in ein Mullsäckchen zu geben, mit den Gerichten zu kochen und anschließend herauszunehmen.

Und schließlich kann man die Gewürze in einem dicht schließenden Gefäß mit Essig bedecken. Nach zwei bis drei Tagen den Essig durch ein feines Sieb gießen und zum Abschmecken von Eingemachtem verwenden.

Sambaar-Pulver

Dieses Pulver aus Gewürzen und getrockneten Gemüsen wird in Indien auch dal genannt. Es hat einen würzigen, etwas nussigen Geschmack und wird zum Würzen von Linsen, frischem Gemüse, Soßen für Fleischgerichte und aromatische Brühen verwendet.

In einer Pfanne zwei Esslöffel Kuminkörner, sechs Esslöffel Korianderkörner, je zwei Teelöffel schwarze Pfefferkörner, Bockshornkleesamen und acht bis zehn getrocknete, entkernte Peperoni anrösten.

Alle Gewürze aus der Pfanne nehmen und beiseite stellen. Dann die getrockneten Gemüse ebenso vorbereiten: zwei Esslöffel *mung dal* (gelbe Linsen) sowie je zwei Teelöffel *channa dal* (gebrochene gelbe Erbsen) und *urad dal* (Kichererbsen).

Die angerösteten Gewürze und Hülsenfrüchte zusammen zu feinem Pulver zerstoßen, dabei nach und nach ein bis zwei Esslöffel gemahlenen Kurkuma zugeben.

Vier-Gewürz-Pulver

Diese typisch französische Gewürzmischung wird gern zum Aromatisieren von Fleischgerichten und Schmorgerichten verwendet.

Die Zutaten sind: fünf Teelöffel gemahlener schwarzer Pfeffer (kann durch drei Esslöffel gemahlenen weißen Pfeffer ersetzt werden), zwei Teelöffel geriebene Muskatnuss, je ein Teelöffel gemahlene Gewürznelken und geriebener Ingwer. Anstelle des Ingwers kann man auch Zimt verwenden. Alle Zutaten gründlich vermischen.

Ras-El-Hanout

Diese Mischung ist die Krönung der Erfindungen der Gewürzhändler.

Trotz der individuellen Abwandlungen gibt es ein Grundrezept mit den folgenden Zutaten: Peperoni, Cayennepfeffer, Piment, schwarzer Pfeffer, Ingwer, Galgant, Macisblüte, Gewürznelken, Kardamom, Zimt, Kurkuma, Koriander, getrocknete Rosen-Blütenblätter, getrocknete Lavendelblüten, getrocknete Iriswurzel und getrocknete, entkernte Chilischoten werden sorgfältig zu einem feinen Pulver zerstoßen.

Diese intensiv duftende Mischung wird zum Würzen von Zwiebelpüree, Reisgerichten, Tajine, Couscous, geschmorten Ragouts und Gemüsegerichten verwendet.

Sancho

Dies ist eine fein abgestimmte Gewürzmischung aus Japan.

Sie besteht hauptsächlich aus getrockneten und gemahlenen Blättern des japanischen Pfeffers sowie einigen anderen Gewürzen. Das Gewürzpulver wird für verschiedene traditionelle japanische Gerichte verwendet. Es kommt nur als fertig zubereitetes Pulver in den Handel.

Shichimitogarashi

Auch diese Mischung aus sechs Gewürzen stammt aus Japan. Sie wird in der Regel zusammen mit Sojasoße verwendet.

In einer Pfanne schwarze Pfefferkörner, Sesamsamen, schwarze Senfkörner und Mohnsamen anrösten. Wenn die Samen goldbraun sind und zu duften beginnen, werden sie fein zerstoßen. Dabei gibt man getrocknete Mandarinenschale und Sancho-Pulver zu.

Diese sehr verbreitete Mischung dient als Gewürz für zahlreiche japanische Gerichte.

Zahtar

Diese raffinierte Gewürzmischung ist in der Küche des Libanon, Syriens und des Irak zu Hause.

In einer Pfanne Sesamsamen, Korianderkörner, Kuminsamen, Haselnusskerne und ein Stück grob zerkleinerte Zimtstange anrösten.

Wenn die Gewürze zu duften beginnen, in einen Mörser geben und zerkleinern. Dabei getrockneten Thymian und pulverisierten Sumach zugeben.

Pasten und Soßen aus Gewürzen

Zahtar wird mit Olivenöl oder Frischkäse gemischt und zu frischem Brot als Vorspeise gereicht. Man kann es auch sehr gut zum Aromatisieren von Linsengerichten und Ragouts aus Hammelfleisch verwenden.

Baghar

Dies ist eine Mischung von verschiedenen Gewürzen, die mit Senföl angesetzt wird. Baghar wird angewärmt und zu Salaten mit Jogurtsoße, grünem Gemüse oder Gerichten aus Hülsenfrüchten serviert. Es gibt viele regional unterschiedliche Rezepte.

Senföl mit schwarzen Senfkörnern, Stinkasant und getrockneten Blättern des Curryblatts aufsetzen und einige Tage ziehen lassen. Nach Geschmack können auch getrockneter roter Pfeffer und Knoblauch zugegeben werden.

Baghar mit Koriander

Dies ist eine Variation des vorherigen Rezepts.

Gehackte Zwiebeln und Kuminsamen in Senföl anbraten, bis sie leicht gebräunt sind. Dann frische Korianderblätter zugeben. Die Mischung wird zu Suppen, Schmortöpfen und Gemüsegerichten gereicht.

Piment-Bonbons

Eine würzige Süßigkeit

Bohnenpüree mit Bananen im Mixer fein zerkleinern. Die so entstandene Paste mit pulverisiertem Ingwer, Zwiebelpüree und frischer, fein zerkleinerter Peperoni vermischen. Noch einmal im Mixer fein pürieren, dann kleine Kugeln formen und trocknen lassen.

Harissa

Diese Gewürzpaste ist in Nordafrika sehr verbreitet. Sie wird für Tajines, Fleisch- und Gemüsegerichte verwendet, aber auch für Kebabs, Vorspeisen und zum Abschmecken von Couscous. Vermischt mit frisch pürierten Tomaten serviert man sie zu gegrilltem Fleisch. Man kann sie auch zum Würzen von Ragouts und Suppen verwenden. Um eine Marinade für Geflügel, Lamm und Fisch zu erhalten, verrührt man sie mit geronnener Milch.

Ein Dutzend getrocknete Peperoni in heißes Wasser geben. Nach dem Aufquellen abtrocknen und im Mixer mit zwei Knoblauchzehen, einem Teelöffel getrockneter Minze und einem Teelöffel Salz zu einem Püree verarbeiten.

In einer Pfanne ohne Fett zwei Teelöffel Korianderkörner, einen Teelöffel Kümmel und einen Teelöffel Kumin anrösten. Wenn die Gewürze goldgelb sind und zu duften beginnen, zu einem feinen Pulver zerstoßen.

Das Püree mit den zerstoßenen Gewürzen mischen, dabei nach und nach tropfenweise Olivenöl zugeben, bis eine glatte Paste entsteht. Das Harissa in ein Glas geben, mit einer Schicht Olivenöl abdecken und im Kühlschrank aufbewahren.

Massala aus Madras

Diese indische Gewürzsoße wird aus frischen und getrockneten Zutaten hergestellt.

In einer Pfanne acht Esslöffel Korianderkörner, vier Esslöffel Kumin, einen Esslöffel Pfefferkörner und einen Esslöffel schwarze Senfkörner anrösten. Wenn die Gewürze zu duften beginnen, werden sie zu einem feinen Pulver zerstoßen. Danach elf Esslöffel pulverisierten Kurkuma zugeben, außerdem einen Esslöffel Salz und drei Teelöffel pulverisierte, getrocknete Peperoni. Unter weiterem Rühren acht zerdrückte Knoblauchzehen, frischen, geriebenen Ingwer sowie Apfelessig untermischen, bis eine dickliche Paste entsteht. Um das Aroma noch zu intensivieren, kann man die Soße in einer eingeölten Pfanne unter Rühren erwärmen, bis das Öl sich abzusetzen beginnt.

Grünes Massala

Diese grüne Gewürzpaste ist relativ mild und erfrischend im Aroma. Man verwendet sie gern zu Krabbengerichten, Fisch, Huhn und anderem Geflügel. Sie harmoniert auch sehr gut mit Reis und Nudeln.

In einer Pfanne zehn leicht zerdrückte, grüne Kardamomkapseln und sechs Gewürznelken anrösten, bis sie zu duften beginnen. Zu einem feinen Pulver zerreiben, dann zwei Teelöffel pulverisierten Kurkuma und ebenso viel Salz zugeben. Bockshornkleesamen, die bereits am Vortag zum Quellen mit Wasser übergossen wurden, mit vier Knoblauchzehen, einem Stück frisch geriebener Ingwerwurzel, fünzig Gramm frischen Korianderblättern, ebenso viel frischer Minze und etwas Apfelessig im Mixer fein pürieren.

Die Paste mit den pulverisierten Gewürzen vermischen. In einer Pfanne je zehn Milliliter Sesamöl und Sonnenblumenöl erwärmen, die Gewürzmischung zugeben und unter Rühren erhitzen, bis das Öl zu brutzeln beginnt.

Das Massala abkühlen lassen, in ein Glas gießen und mit einer dünnen Schicht Öl übergießen, um Farbe und Aroma zu konservieren.

Currypaste Mus-sa-man

Diese asiatische Gewürzpaste harmoniert sehr gut mit Fleischgerichten, Geflügel, Fisch und Gemüsen.

In einer Pfanne frische, entkernte Peperoni, Schalotten, vier Knoblauchzehen, Galgant und Zitronengras erhitzen, um das Aroma zu intensivieren. Alles zu einer feinen Paste zerkleinern, dabei frische Korianderblätter, die abgeriebene Schale einer Limone oder Pampelmuse sowie Krabbenpaste zugeben.

In einer Pfanne Korianderkörner, Kumin, leicht zerdrückte Kardamomkapseln und Salz rasch erhitzen. Die Kardamomhülsen entfernen, dann gemahlene Nelken und Zimt zugeben. Alles zu einem feinen Pulver zerstoßen. Die vorbereitete Paste mit dem Gewürzpulver gründlich zu einer homogenen Masse vermischen.

Thailändische Currypaste

Diese köstliche Gewürzpaste harmoniert sehr gut mit Huhn und anderen Geflügelarten, aber auch mit Fleisch- und Gemüsegerichten.

Dieses Rezept verleiht den Gerichten eine appetitliche Rotfärbung. In einer Pfanne ohne Fett Kumin- und Korianderkörner anrösten und fein zerkleinern. Aus etwas Öl, frischen roten Peperoni, roten Zwiebeln, Knoblauch, Zitronengras und Galgant sowie einigen Stielen frischem Koriander eine Paste zubereiten.

Die Paste im Mixer fein zerkleinern, dabei die abgeriebene Schale einer Limone oder Pampelmuse sowie Krabbenpaste zugeben. Danach die Kumin- und Koriandersamen einrühren und gründlich pürieren. Jetzt kann die Currypaste verwendet werden. Man kann sie aber auch in einem luftdicht schließenden Gefäß bis zu vier Wochen im Kühlschrank aufbewahren.

Grüne Currypaste

Die Zubereitung dieser Paste entspricht dem vorherigen Rezept, lediglich die Zutaten werden variiert.

Gehen Sie wie im vorigen Rezept vor, ersetzen Sie aber die roten Peperoni durch grüne und die roten Zwiebeln durch weiße. Diese Gewürzpaste erhält ihre appetitliche Färbung durch die frischen Korianderblätter.

Malaiische Gewürzpaste

Diese köstliche Gewürzpaste passt besonders gut zu Currygerichten mit Huhn.

Zwölf Schalotten, vier Knoblauchzehen, ein Stück zerkleinerte, frische Kurkumawurzel, einen Würfel Krabbenpaste und zehn Macadamianüsse im Mixer zu einer glatten Paste pürieren. Die unteren Stücke von drei Stielen Zitronengras in Ringe schneiden, zu der Paste geben und wieder gründlich mixen. Diese Gewürzmischung kann man in einem luftdicht schließenden Glas einige Tage lang im Kühlschrank aufbewahren.

Sambal mit Krabbenpaste

Diese ausgesprochen würzige Soße wird in kleinen Mengen zum Würzen von Reis- und Gemüsegerichten verwendet.

Pasten und Soßen aus Gewürzen

Für diese Soße schneidet man frische rote Peperoni der Länge nach auf und entkernt sie. Dann gibt man sie mit Salz in einen Mörser und zerreibt sie gründlich. Ein Schuss Zitronensaft und ein Stück Krabbenpaste runden das Aroma dieser Paste ab.

Sambal kecap

Diese indonesische Soße kann man sehr gut als Alternative zur klassischen Erdnuss-Soße zu gebratenem Geflügel oder anderem Fleisch verwenden.

Eine gehackte rote Peperoni, zwei Knoblauchzehen, zwei Esslöffel Tamarindensaft und zwei Esslöffel heißes Wasser im Mixer gründlich zerkleinern. Nach Geschmack kann man noch angebratene Zwiebeln zugeben.

Die Soße sollte vor dem Servieren eine halbe Stunde durchziehen.

Sambal mit Peperoni

Diese Soße wird in Indonesien auch Sambal ulek *genannt. Sie hält sich relativ lange, darum kann man gut größere Mengen auf Vorrat zubereiten.*

Rote Peperoni in kochendem Wasser etwa fünf Minuten lang blanchieren, dann im Mixer zerkleinern und mit etwas Salz würzen.

Diese Gewürzpaste ist ausgesprochen scharf und darf nur in kleinen Mengen verwendet werden. Sie passt sehr gut zu Gerichten mit Fleisch und Geflügel.

Nam-Prik-Soße

Dies ist ein bekanntes Rezept aus Thailand. Die Paste wird gern zu Reisgerichten verwendet, aber auch als Gewürz oder als Soße zu rohen Gemüsen.

50 Gramm Krabben, drei Knoblauchzehen, etwas Krabbenpaste, einige Stiele frischer Koriander und drei entkernte Peperoni im Mixer zu einer glatten Paste verarbeiten.

Vier Esslöffel Zitronensaft, etwa drei Esslöffel Fischsoße und einen Esslöffel dunkle, süße Sojasoße zugeben. Um die Soße zu verdünnen, kann man etwas Wasser unterrühren.

Sojasoße

Diese Soße ist ein Klassiker der asiatischen Küche und in der ganzen Welt bekannt. Je nach Art der verwendeten Sojabohnen variieren ihr Geschmack, ihre Farbe und ihre Würzkraft. Sojasoße wird als unvermischtes Produkt angeboten, aber auch versetzt mit verschiedenen Zutaten, beispielsweise als Hoisin-Soße mit Gewürzen, als Austernsoße oder als Shoyu-Soße.

Zur Herstellung dieser Soße werden die zerkleinerten Sojabohnen gekocht und mit Koji (fermentiertem Reis) einem Fermentierungsprozess unterworfen. Meist wird auch Weizenmehl zugegeben. Nach einer Weile entsteht durch die Fermentierung eine schwarze, aromatisch duftende Flüssigkeit – die Sojasoße.

Tabasco

Der Name Tabasco ist eigentlich ein amerikanisches Markenzeichen, das für eine Peperoni-Soße vergeben wurde.

Zur Herstellung dieser Soße lässt man rote Peperoni mit Salz in Essig ziehen, ehe man sie fein zerkleinert. Man verwendet Tabasco zum Würzen von Suppen, Fisch- und Fleischgerichten sowie für Geflügel. Die scharfe Soße passt aber auch zu Eiergerichten wie Omelettes und gibt Tomatensaft ein bisschen mehr Pep.

Tadka

Diese Soße ist recht einfach herzustellen. Sie ist in der orientalischen Küche zu Hause.

In einer Pfanne mit Deckel zwei Esslöffel Butterschmalz schmelzen. Zwei Esslöffel schwarze Senfsamen zugeben und den Deckel auflegen, weil die Senfkörner in dem heißen Fett springen. Die Pfanne vom Herd nehmen und unter ständigem Rühren einen halben Teelöffel pulverisierten Stinkasant und acht frische oder getrocknete Curryblätter zugeben.

Die fertige Gewürzmischung frisch zubereitet an Suppen, Fleischragouts oder Gemüsegerichte geben.

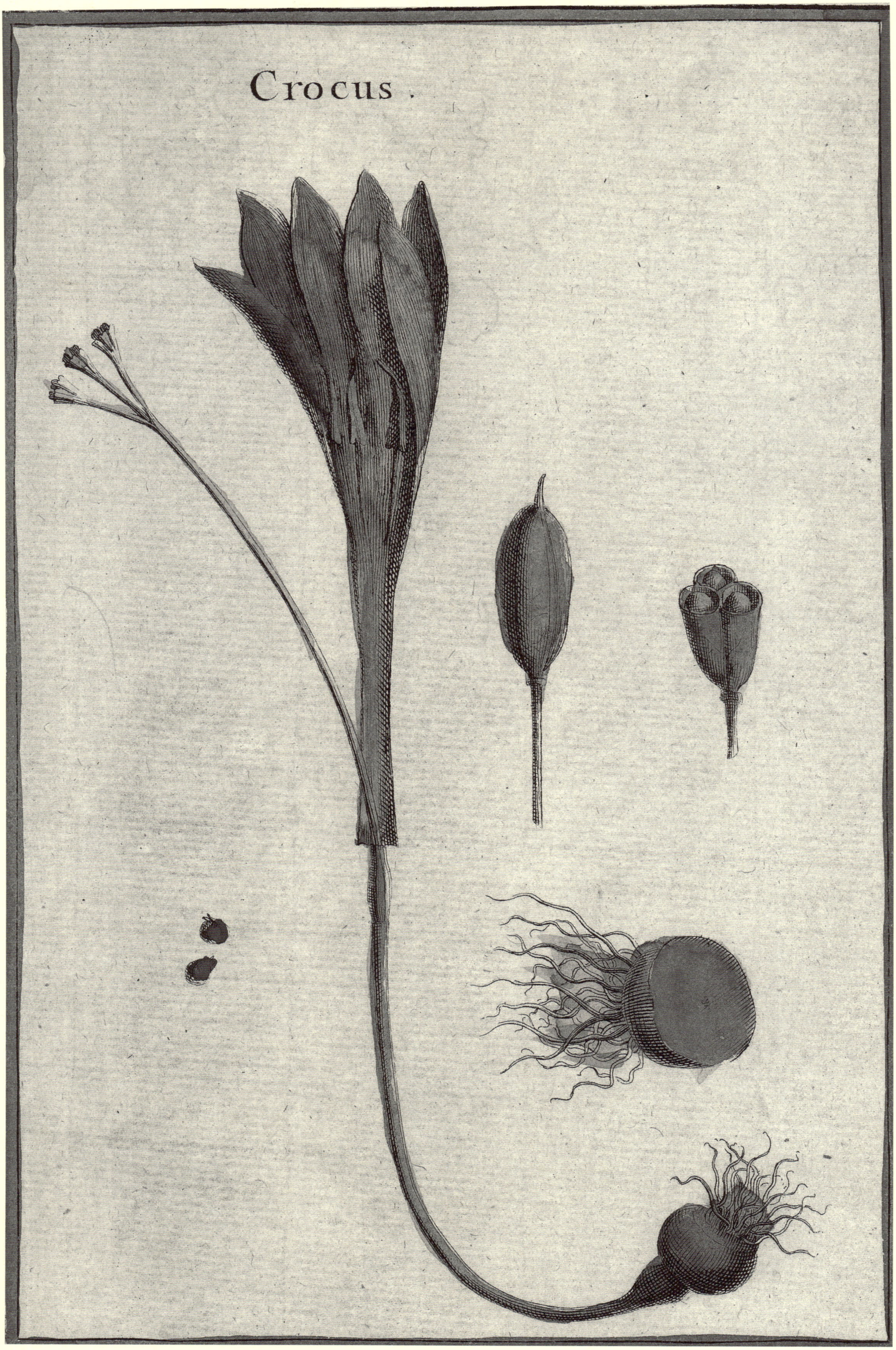
Crocus .

REGISTER DER LATEINISCHEN

ACACIA CATECHU: Cachou-Akazie 22
AGATHOPHYLLUM: Ravensara 22
ALEURITES MOLUCCANA: Kerzennussbaum, Kukuinuss 24
ALPINIA GALANGA: Großer Galgant 24
ALPINIA OFFICINARUM: Kleiner Galgant 26
ANETHUM GRAVEOLENS: Dill 26
ARENGA PINNATA: Zuckerpalme 26
ARMORACIA RUSTICANA: Meerrettich 28
ASARUM EUROPAEUM: Haselwurz, gewöhnliche 30
BETA SACCHARUM: Zuckerrübe 102
BIXA ORELLANA: Orlean 30
BRASSICA ALBA, B. JUNCEA, B. NIGRA: Senf 32
BROSIMUM GALACTODENDRON: Milchbaum 74
CAPPARIS SPINOSA: Kapernstrauch 34
CAPSICUM ANNUUM: Süßer Paprika 36
CAPSICUM TETRAGONUM: Gewürzpaprika 38
CARICA PAPAYA: Papaya 38
CARUM AJOWAN: Ajowan 40
CARUM CARVI: Wiesenkümmel 40
CARYOTA URENS: Brennpalme 42
CASSIA FISTULA: Röhrencassie, Gewürzrinde 42
CHASMANTHERA PALMATA, C. COLUMBA: Kalumbawurzel 44
CINCHONA LANCIFOLIA, C. OFFICINALIS, C. SUCCIRUBRA: Chinarinde .. 44
CINNAMOMUM CAMPHORA: Kampfer 46
CINNAMOMUM CASSIA: Cassia 48
CINNAMOMUM ZEYLANICUM: Zimt, Ceylonzimt 48
CITRUS AMBLICARPA, C. HYSTRIX: Wildlimone, Kombava 50
CITRUS AURANTIIFOLIA: Limette 50
CITRUS AURANTIUM: Bitterorange, Pomeranze 50
CITRUS BERGAMIA: Bergamotte 52
CITRUS LIMON: Zitrone 52
CITRUS MEDICA: Zitronat-Zitrone 54
CITRUS SINENSIS: Orange 54
CLEOME HASSLERIANA: Cleome 56
COFFEA ARABICA: Kaffee 56
COLA ACCUMINATA: Cola 58
CORIANDRUM SATIVUM: Koriander 58
CORNUS MAS: Kornelkirsche 60
CROCUS SATIVUS: Safran 60
CUMINUM CYMINUM: Kreuzkümmel 61
CURCUMA DOMESTICA: Kurkuma 62
CURCUMA ZEDOARI: Safranwurz 63
DRIMYS LANCEOLATA, D. WINTERY: Bergpfeffer 66
ELETTARIA CARDAMOMUM: Kardamom 67
EUCALYPTUS GLOBULUS: Eukalyptus 68
EUGENIA CARYOPHYLLATA: Gewürznelke 70
EUGENIA UNIFLORA: Surinamkirsche 72
FERULA ASA FOETIDA: Stinkasant, Teufelsdreck 72
FOENICULUM VULGARE: Fenchel 72
GALACTODENDRON: Milchbaum 74
GLEDITSIA TRIACANTHOS: Gleditschie 75
GLYCINE MAX: Sojabohne 76
GLYCYRRHIZA GLABRA: Süßholz 78
ILLICIUM VERUM: Sternanis 80
JUNIPERUS COMMUNIS: Wacholder 80
MANGIFERA INDICA: Mango 82
MONODORA MYRISTICA: Jamaika-Muskat 84
MONSTERA DELICIOSA: Fensterblatt 84
MORINGA OLEIFERA: Meerrettichbaum 86
MURRAYA KOENIGII: Curryblatt 86
MYRICA GALE, M. RUBRA: Moor-Gagelstrauch 86
MYRISTICA FRAGRANS: Muskatnuss 88
MYRTUS COMMUNIS: Myrte 90
NATRIUM (CHLORID): Salz 106
NIGELLA SATIVA: Schwarzkümmel 90
NUCLEA GAMBIR: Uncaria 112
PANDANUS TECTORIUS: Schraubenbaum 92
PAPAVER SOMNIFERUM: Schlafmohn 93
PEUMUS BOLDUS: Boldo 94
PHYLLANTHUS ACIDUS: Indische Stachelbeere 94
PIMENTA DIOÏCA: Piment, Allgewürz 96
PIMPINELLA ANISUM: Anis 96
PIPER CUBEBA, P. LONGUM, P. NIGRUM: Indischer Pfeffer 96
PRUNUS MAHALEB: Weichsel 98
PUNICA GRANATA: Granatapfel 100
RAVENSARA: Ravensara 22
RHUS CORIARIA: Sumach 100
SACCHARUM OFFICINARUM: Zuckerrohr 102
SANTALUM ALBUM: Sandelholz, weißes 102
SASSAFRAS ALBIDUM: Fenchelholzbaum 104
SCHINUS MOLLE: Pfefferbaum 104
SESAMUM INDICUM: Sesam 106
TAMARINDUS INDICA: Tamarinde 108
THEOBROMA CACAO: Kakao 110
TRIGONELLA FOENUM-GRAECUM: Bockshornklee, griechischer 110
UNCARIA: Uncaria 112
VANILLA FRAGRANS: Vanille 112
VITEX AGNUS CASTUS: Keuschlamm 114
XYLOPIA AETHIOPICA: Guinea-Pfeffer 114
ZANTHOXYLUM PIPERICUM: Japanischer Pfeffer, Sichuan-Pfeffer ... 114
ZINGIBER OFFICINALE: Ingwer 116

AJOWAN: Carum ajowan 40
ALLGEWÜRZ: Pimenta dioïca 96
ANIS: Pimpinella anisum 96
BERGAMOTTE: Citrus bergamia 52
BERGPFEFFER: Drimys lanceolata, D. wintery 66
BITTERORANGE: Citrus aurantium 50
BOCKSHORNKLEE, GRIECHISCHER: Trigonella foenum-graecum 112
BOLDO: Peumus boldus 94
BRENNPALME: Caryota urens 42
CACHOU-AKAZIE: Acacia catechu 22
CASSIA: Cinnamomum cassia 48
CEYLONZIMT: Cinnamomum zeylanicum 48
CHINARINDE: Cinchona lancifolia, C. officinalis, C. succirubra 44
CLEOME: Cleome hassleriana 56
COLA: Cola accuminata 58
CURRYBLATT: Murraya koenigii 86
DILL: Anethum graveolens 26
EUKALYPTUS: Eucalyptus globulus 68
FENCHEL: Foeniculum vulgare 72
FENCHELHOLZBAUM: Sassafras albidum 104
FENSTERBLATT: Monstera deliciosa 84
GEWÜRZNELKE: Eugenia caryophyllata 70
GEWÜRZPAPRIKA: Capsicum tetragonum 38
GEWÜRZRINDE: Cassia fistula 42

GLEDITSCHIE: Gleditsia triacanthos . . . 75
GRANATAPFEL: Punica granata . . . 100
GROSSER GALGANT: Alpinia galanga . . . 24
GUINEA-PFEFFER: Xylopia aethiopica . . . 114
HASELWURZ, GEWÖHNLICHE: Asarum europaeum . . . 30
INGWER: Zingiber officinale . . . 116
JAMAIKA-MUSKAT: Monodora myristica . . . 84
JAPANISCHER PFEFFER: Zanthoxylum pipericum . . . 114
KAFFEE: Coffea arabica . . . 56
KAKAO: Theobroma cacao . . . 110
KALUMBAWURZEL: Chasmanthera palmata, C. columba . . . 44
KAMPFER: Cinnamomum camphora . . . 46
KAPERNSTRAUCH: Capparis spinosa . . . 34
KARDAMOM: Elettaria cardamomum . . . 67
KERZENNUSSBAUM: Aleurites moluccana . . . 24
KEUSCHLAMM: Vitex agnus castus . . . 114
KLEINER GALGANT: Alpinia officinarum . . . 26
KOMBAVA: Citrus amblicarpa, C. hystrix . . . 50
KORIANDER: Coriandrum sativum . . . 58
KORNELKIRSCHE: Cornus mas . . . 60
KREUZKÜMMEL: Cuminum cyminum . . . 61
KUKUINUSS: Aleurites moluccana . . . 24
KURKUMA: Curcuma domestica . . . 62
LIMETTE: Citrus aurantiifolia . . . 50
MANGO: Mangifera indica . . . 82
MEERRETTICH: Armoracia rusticana . . . 28
MEERRETTICHBAUM: Moringa oleifera . . . 86
MILCHBAUM: Brosimum galactodendron, Galactodendron . . . 74
MOOR-GAGELSTRAUCH: Myrica gale, M. rubra . . . 86
MUSKATNUSS: Myristica fragrans . . . 88
MYRTE: Myrtus communis . . . 90
ORANGE: Citrus sinensis . . . 54
ORLEAN: Bixa orellana . . . 30
PAPAYA: Carica papaya . . . 38
PAPRIKA, SÜSSER: Capsicum annuum . . . 36
PFEFFER, INDISCHER: Piper cubeba, P. longum, P. nigrum . . . 96
PFEFFERBAUM: Schinus molle . . . 104
PIMENT: Pimenta dioïca . . . 96
POMERANZE: Citrus aurantium . . . 50
RAVENSARA: Agathophyllum, syn. Ravensara . . . 22
RÖHRENCASSIE: Cassia fistula . . . 42
SAFRAN: Crocus sativus . . . 60
SAFRANWURZ: Curcuma zedoari . . . 63
SALZ: Natrium (Chlorid) . . . 106
SANDELHOLZ, WEISSES: Santalum album . . . 102
SCHLAFMOHN: Papaver somniferum . . . 93
SCHRAUBENBAUM: Pandanus tectorius . . . 92
SCHWARZKÜMMEL: Nigella sativa . . . 90
SENF: Brassica alba, B. juncea, B. nigra . . . 32
SESAM: Sesamum indicum . . . 106
SICHUAN-PFEFFER: Zanthoxylum pipericum . . . 114
SOJABOHNE: Glycine max . . . 76
STACHELBEERE, INDISCHE: Phyllanthus acidus . . . 94
STERNANIS: Illicium verum . . . 80
STINKASANT: Ferula asa foetida . . . 72
SUMACH: Rhus coriaria . . . 100
SURINAMKIRSCHE: Eugenia uniflora . . . 72
SÜSSHOLZ: Glycyrrhiza glabra . . . 78
TAMARINDE: Tamarindus indica . . . 108
TEUFELSDRECK: Ferula asa foetida . . . 72
UNCARIA: Uncaria, Nuclea gambir . . . 112
VANILLE: Vanilla fragrans . . . 112
WACHOLDER: Juniperus communis . . . 80
WEICHSEL: Prunus mahaleb . . . 98
WIESENKÜMMEL: Carum carvi . . . 40
WILDLIMONE: Citrus amblicarpa, C. hystrix . . . 50
ZIMT: Cinnamomum zeylanicum . . . 48
ZITRONAT-ZITRONE: Citrus medica . . . 54
ZITRONE: Citrus limon . . . 52
ZUCKERPALME: Arenga pinnata . . . 26
ZUCKERROHR: Saccharum officinarum . . . 102
ZUCKERRÜBE: Beta saccharum . . . 102

Gewürzpulver

CAJUN . . . 121
CHUTNEY . . . 121
FÜNF-GEWÜRZ-PULVER . . . 121
BENGALISCHES FÜNF-GEWÜRZ-PULVER . . 121
COLOMBO . . . 121
CURRY . . . 121
INDONESISCHES CURRY . . . 122
CURRY AUS SINGAPUR . . . 122
GARAM MASSALA . . . 122
KAMA . . . 122
MASSALA AUS KASCHMIR . . . 122
MASSALA FÜR OBSTSALATE . . . 122
ERDNUSS-MISCHUNG . . . 123
ÄTHIOPISCHE MISCHUNG . . . 123
MISCHUNG FÜR GEWÜRZBROT . . . 123
MISCHUNG ZUM EINLEGEN . . . 123
SAMBAAR-PULVER . . . 124
VIER-GEWÜRZ-PULVER . . . 124
RAS-EL-HANOUT . . . 124
SANCHO . . . 124
SHICHIMITOGARASHI . . . 124
ZAHTAR . . . 124

Pasten und Soßen aus Gewürzen

BAGHAR . . . 125
BAGHAR MIT KORIANDER . . . 125
PIMENT-BONBONS . . . 125
HARISSA . . . 125
MASSALA AUS MADRAS . . . 125
GRÜNES MASSALA . . . 125
CURRYPASTE MUS-SA-MAN . . . 126
THAILÄNDISCHE CURRYPASTE . . . 126
GRÜNE CURRYPASTE . . . 126
MALAIISCHE GEWÜRZPASTE . . . 126
SAMBAL MIT KRABBENPASTE . . . 126
SAMBAL KECAP . . . 127
SAMBAL MIT PEPERONI . . . 127
NAM-PRIK-SOSSE . . . 127
SOJASOSSE . . . 127
TABASCO . . . 127
TADKA . . . 127

BIBLIOGRAFIE

Barth, Marcella: *Jetzt reise ich ins Pfefferland. Ein Reiseführer in die Welt der Gewürze,* 1999

Beutner, Brigitte: *Gewürze aus aller Welt in Garten und Küche,* 1999

Brandl, Karin: *Räucherduft und Feuerzauber. Kleine Räucherkunde edler Harze, Kräuter und Gewürze,* 1998

Craze, Richard: *Gewürze. Das Handbuch für Genießer,* 1999

Detienne, Marcel: *Die Adonis-Gärten. Gewürze und Düfte in der griechischen Mythologie,* 2000

Ferrington, Karin: *Kräuter und Gewürze. Einfach delikat,* 1999

Hohenberger, Eleonore: *Gewürze und Küchenkräuter aus dem eigenen Garten,* 1999

Jha, Radhika: *Der Duft der Gewürze,* 2001

Kammerl, Dazze: *Die Kräfte der Kräuter und Gewürze. Von Aloe bis Zimt – Rezepte und praktische Anwendungen,* 1997

Küster, Hansjörg: *Kleine Kulturgeschichte der Gewürze. Ein Lexikon von Anis bis Zimt,* 1997

Lambert Ortiz, Elisabeth: *Kräuter, Gewürze und Essenzen. Das Handbuch für die Küche,* 2001

Lemanczyk, Wanda: *Würzig essen, länger leben: Die gesündesten Gewürze aus aller Welt,* 1999

Mahn, Manuela: *Gewürze. Geschichte – Handel – Küche,* 2001

Neuhold, Manfred: *Gewürze aus eigenem Garten. Anbau, Ernte, Verwendung,* 1998

Norman, Jill: *Das große Buch der Gewürze,* 1999

Pahlow, Manfred: *Gesunde Gewürze. Tipps, Rezepte und Informationen,* 2000

Pahlow, Manfred: *Gewürze, Genuss und Arznei,* 1995

Scotto, Elisabeth: *Gewürze. Die Quintessenz der raffinierten Küche,* 1998

Stella, Allain: *Das Buch der Gewürze,* 1999

Waldegg, Michael: *Gewürze, Gesundheit und Wohlbefinden,* 1997